空海「折れない心」をつくる言葉

池口恵観

三笠書房

はじめに

◎生き方に「力強さ」が身につく本！

生きていくなかで、悩みや不安がまったくない人はいないでしょう。将来に漠然とした不安を覚える。職場で人にイライラしてしまい、すぐに怒りをぶつけてしまう。健康に自信がなくなってきた……。

そんな「心が折れそうになる」場面でも、強い気持ちで前に進み、充実した人生を送るには、ちょっとしたコツがあるようです。

物に執着してしまう。人に怒りをぶつける。自分の思い通りにしたいと欲張る――これらは仏教で「三毒《さんどく》」と呼ばれるものです。

人はこれにより、後悔したり、心を曇らせたりする。「三毒」は周りの人に対しても向けられ、偏見、優越感、差別する心を生みます。

結局、「自分が一番かわいい」と思ってしまい、人に投げかけた感情が、ゆがんだ人間関係をつくるという、悪循環に陥ってしまうわけです。

〝自分のこと〟を頑張って考えれば考えるほど、心の強さが失われてしまう――では、どうしたらいいか。その答えを求めるのにもっともふさわしい人物が、弘法大師《こうぼうだいし》・空海《くうかい》（お大師さま）ではないでしょうか。

現代の人たちにも、たとえば「心を空《から》っぽにして、とにかく前に踏み出してみる」ことをアドバイスしてくれるはずです。

空海は、平安時代に日本真言宗を開いた人物として有名です。幼少のころから神童といわれ、十代半ばで都にのぼり、大学で官吏《かんり》になるための勉強をしました。しかし、官吏になったところで実際に苦しむ人たちを救済するのは難しいと感じ、それまでの世俗的な儒教を捨て、仏道修行のために大学を中退したのです。

仏道修行に入った空海は、紀伊半島や四国の深山に分け入り、激しい修行に励みました。それだけでなく、満濃池《まんのういけ》（香川県）をはじめ多くの溜池を築造して四国北部の灌漑《かんがい》の基礎を築いたり、わが国初の私立学校・綜藝種智院《しゅげいしゅちいん》を開設したりと、その功績は僧侶としてのものだけにとどまりません。

空海は、深山にこもって瞑想《めいそう》にふけるだけの宗教家ではなく、一般の人の幸せのためにその持てる能力を遺憾《いかん》なく発揮した**「行動派」の名僧**なのです。

そんなお大師さまが教えてくれているのは、人を思いやるやさしさと、**「悩む前に、まずは行動してみる」という強さ**だと、わたしは思っています。

お大師さまの残された言葉は、理論や理屈ではない、修行のなかで得た「実践法」ばかり。だからこそ一二〇〇年のときを経てもわたしたちの心に響き、「もうダメかもしれない」というピンチの場面に、前向きな気持ちを注いでくれるのです。

その教えを実践するのは、決して難しいことではありません。ふだんの習慣や心がけを、少しだけ変えればいいのです。

たとえば、つらくてくじけそうなときは、「今日一日だけ頑張ろう」と思ってみる。「おかげさまで」を自分の口ぐせにしてみる。

腹の底から大きな声を出してみる……。

本書にあるお大師さまの言葉を、気構えないでゆっくりと読んでください。

言葉の一つひとつに、わたしたちが穏やかに、強く、ぽっきり折れずに生きるための智慧があります。お大師さまの「やさしい心」と「強い言葉」が、いつの間にか心を前向きにしてくれるでしょう。

池口恵観

もくじ

はじめに　生き方に「力強さ」が身につく本！　3

1章 「迷いが一瞬で消える」言葉
――まず「一歩だけ」踏み出す

1 心を「空っぽ」にする……14
2 「自分の真ん中」に戻る……18
3 短所は「長所のこやし」……22
4 不安を「先取り」しない。絶対に……26
5 「仏さまを思い出す」「迷いを消す」……30

6●「打ち込むこと」があるか……34
7●いつも「一期一会」……38
8●「他人の喜び」も「自分の喜び」……42
9●いい薬も「飲まないと効かない」……46

2章

「今日から前向きになる」言葉
――「マイナス感情は十秒でやめる」

1●「今日一日だけ」頑張る……52
2●「どうせ自分なんか」をやめる……56
3●最初は「カラ元気」でもいい……60
4●「あと一か月の命」だとしたら……64

5 「もうダメだ」ではなく「まだダメだ」……68
6 くよくよ悩むのは「十秒」……72
7 言葉の「不思議な力」を使ってみる……76
8 体・心・言葉は「いつも一緒」……80
9 その逆境は「仏さまの親心」です……84

3章 「心がふっと軽くなる」言葉
――「ありがとう」「ごめんなさい」「おかげさま」

1 言葉は「あなたを運ぶ船」……90
2 「お腹の底から」声を出す……94
3 五分でできる「心のそうじ」……98

4 心を「素」にしてみる……102
5 「感動する心」をつくる……106
6 「苦労のタネをまかずにすむ」法……110
7 笑顔だって「お布施」になる……114
8 「夢に向かって一歩踏み出す」言葉……118
9 執着から離れるコツ……122

4章 「強い自分になる」言葉
――「負け」は「勝ちの途中」です

1 「欲を持つ自分」「大欲を持つ自分」……128
2 煩悩は無理に捨てない……132

3 「運の悪い人」は「運に背中を向ける人」……136
4 ついていい「嘘」もある……140
5 「忘れる」という妙薬……144
6 相手の気持ちに「なりきる」……148
7 「蓮華」の生き方、「柳」の生き方……152

5章 「自然と人にやさしくなる」言葉

——幸せは「分ける」と倍になる

1 「働く心」をつくろう……158
2 「相手を許す」名僧の知恵……162
3 なるべく「素直な耳」を持つ……166

4 「やすきには流れない」言葉……170
5 必ず「返ってくる」……174
6 絶対に「逃げない」……178
7 子どもには「本気」を伝える……182
8 「自分の修行の場」はどこか……186

6章 「あなたの一生を充実させる」言葉

――「小さな変化」を積み重ねればいい

1 「苦しみに負けない」心……192
2 「小さな変化」でいい!……196
3 「本物の自分」を知る……200

4●「ありがとう」「おかげさま」の力……204
5●「与えられた時間」を生きる……208
6●「安心の境地」で生きる……212
7●「わが行場で死ぬ」覚悟……216

編集協力＝岩下賢作
本文イラスト＝涌井陽一

※本書で紹介する空海の言葉は、空海の著作物や真言宗の経典から意訳したものです。

1章

「迷いが一瞬で消える」言葉

――まず「一歩だけ」踏み出す

1 心を「空っぽ」にする

虚《むな》しく往《ゆ》きて実《み》ちて帰る（性霊集《しょうりょうしゅう》）

何かをしなければいけないという思いは胸いっぱいに広がっているのに、何から始めればいいのかわからない、ということがあります。

壁を乗り越える必要性をひしひしと感じながら、具体的な方法を見出せない。いいようのない不安に包まれる。

こんなとき、どうやって糸口を見つけ出せばいいのでしょう。

お大師さま（弘法大師《こうぼうだいし》空海《くうかい》）は漢詩文集の『性霊集』でこんな表現をしています。

「遍覚《へんがく》の虚しく往きて実（満）ちて帰るは……」

遍覚とは『西遊記《さいゆうき》』でよく知られる三蔵《さんぞう》法師、つまり玄奘《げんじょう》三蔵のこと。唐代の僧・玄奘は、仏さまの教えや悟りの道を求めて、インドへの旅に出ます。しかし、インドで何を得られるか確信があったわけではありません。「虚しく往く」とは、あてもなく出立すること。玄奘は、ほとんどあてのない旅を決行したのです。

しかも、当時の唐では国外に出ることを禁じていました。その禁を破っての出立。旅のルートも、灼熱の砂漠と厳寒の山岳地域が待ち受ける過酷なものでした。しかし、玄奘はインドに達し、その地から貴重な経典《きょうてん》を多数持ち帰りました。帰国までには、じつに十七年の歳月を要したのです。

◎「一歩」が踏み出せれば大丈夫

先のお大師さまの言葉は、この玄奘の旅にみずからの唐への留学を重ね合わせてつづられたものです。お大師さまは八〇四年に遣唐使船に乗り込んで入唐《にっとう》を果たしていますが、密教（仏教のなかの秘密の教え）の真髄《しんずい》を体得したいという思いはあっても、現実にそれがかなうかどうかは、確信のあるところではなかったと思われます。

その意味では玄奘と同じく〝虚しく往く〟という状況だったのでしょう。

わずか四か月で梵語《ぼんご》（サンスクリット語）をマスターしたお大師さまは、青龍寺《しょうりゅうじ》に、当時、中国密教の最高峰にいた恵果阿闍梨《けいかあじゃり》を訪ねます。お大師さまと対面された阿闍梨は、一目見るなり旧知の間柄のような親しさで迎え、弟子入りを許し、真言密教のすべてをお大師さまに授けたのです。

多くの弟子たちをさしおいて、お大師さまを後継者と見込んだ背景には、恵果阿闍梨の予知能力のようなものが働いていたのではないか、とさえ思います。

お大師さまはすさまじい速さで密教思想を習得し、青龍寺に入ってわずか二か月後には「遍照金剛《へんじょうこんごう》」の灌頂《かんじょう》（法を受けるときの儀式）を受けています。

すべてを伝え終えると恵果阿闍梨はお大師さまに、すぐさま帰国し、天下に真言密教を伝え、人々を幸せにするよういい渡します。阿闍梨はその半年後に泉下《せんか》（死後の世界）の住人となっていますから、二人の出会いはまさに奇跡というにふさわしいものでした。

このように玄奘もお大師さまも、虚しく往き、多くの実りを携えて（満ちて）帰ってこられたのです。その史実の感動とも相まって、わたしはこの言葉にことさら胸を打たれる思いがします。

少し拡大解釈をすれば、あてもない旅に出るということは、目標地点が見えない状態、あるいは、心が空っぽな状態で、何事かに向けて踏み出すことだ、と考えられます。**あるのはただ、現状に満足しない向上意欲だけ。それでいい**のです。

わたし自身の一歩も、まさしくそれでした。

わたしにも、何をしたらいいのか、どう生きていったらいいのか、思い悩んだ時期があります。そのとき一歩を踏み出す方向性を示してくれたのは、仏教者の母がいつもいっていた言葉でした。

「物をいわず、行《ぎょう》（修行）をしておればいい。行をしてとにかく祈れ。人の幸せだけを祈ればいい。それがおまえの人生だ」

わたしは母のその言葉とともに育てられたことを、あらためて思い出したのです。

その瞬間、迷いも心の揺らぎも吹っ切れた気がしました。行者の道しかない、いや、行者の道こそわたしが歩く道だ。心の底からそう思えました。

「変わりたい」という思いを持ち、心で最初の一歩を踏み出してみる。すると、しだいに視界も開け、自分のするべきことがわかってくるのです。

②「自分の真ん中」に戻る

人は、自分のなかに宝を持っていることを知らず、過《あやま》ちをおかす
（秘蔵宝鑰《ひぞうほうやく》）

誰でも、自分のなかに「宝」（生きる上での軸）を持っています。しかし、多くの人がこのことに気付かないでいるのです。

お大師さまはこれを「自宝《じほう》を知らず、狂迷《きょうめい》を覚《かく》といえり」といいます。闇にさまよっている人間は、自分のなかで軸となる宝を持っているのに、それを知らずに間違った考えや行動に走りがちだというのです。

まずは、何があっても自分の軸、つまり基本（原点）に立ち返ることです。

一刻一刻を積み重ねていく人生にはたくさんの試練が待ち受けています。人は試練

に立たされて迷い、惑います。わたしのもとで日々、「行」をおこなっている弟子たちも、しばしば試練と向き合うことになるようです。そんな弟子の姿を目にしたとき、わたしが常に教えるのは**「中心をとれ」**ということです。

中心をとるとは、原点に立ち返って基本を見据える、ということです。自分が依《よ》って立つ軸を見つめ直すこと、といってもいいかもしれません。迷ったり惑ったりしているときは、軸がぶれているのです。

日常的な場面で考えてみましょう。仕事でつまずくことは誰にだってあります。それもひとつの試練には違いない。さて、問題はそのとき何を考え、どんな行動をとるかです。

「課長の指示が徹底していないからこんな事態になったのに、こっちの責任ばかりいい立てて……」

毎晩のようにお酒を飲みに繰り出して、お決まりの上司批判で溜飲《りゅういん》を下げる。よく見られる光景です。少しばかりの気分転換くらいにはなるかもしれません。しかし、それで試練に立たされている状況が少しでも変わることはありませんし、事態が好転することもあり得ません。

そんなときこそ、まずは自分の考え、行動を振り返るのです。つまずいた仕事で自分が与えられた役割は何だったのか、その担った役割のなかで果たすべきことはきちんと果たしたか、上司の指示が徹底していないと感じたとき、その考えを上司に投げ返したか……。立ち返るべき原点、見据えるべき基本はそこです。

そこから考え、行動すれば、試練を乗り越える手だてはおのずと見つかります。軸がぶれた虚しい上司批判に終始して、試練に押しつぶされるということはなくなるのです。

◎「自分の軸」をしっかり見る

もう気付かれたと思いますが、**中心をとるには、そのときどきの状況や局面を素直に受け入れることが不可欠**です。上司が悪い、仕事相手に恵まれないなどと嘆いたところで、意味がないことを知ってください。

中心をとることは、あらゆる迷い、惑いに際して道を開く最良の方法だといっていいでしょう。

根源的なことをいえば、自分はなぜ生まれてきたのか、なぜ生きているのか、そこまで立ち返って考え、行動すれば、吹っ切れない迷いも惑いもありません。

わたしたちが生きている社会は人と人とのかかわりで成り立っています。迷いや惑いの多くは、人との出会いや別れ、その間に交《か》わされる言葉やふるまいのなかで生まれます。

「彼のあの言葉でひどく傷つけられた」

「こんな仕打ちをされるなんて、自分はどこまで惨《みじ》めなのだろう」

そんな思いに苛《さいな》まれ、迷い惑うこともあるでしょう。そのときこそ、中心をとるのです。自分は何を望み、何を欲しないのか、何に価値を見出し、何に価値を認めないのか、何を信じ、何を信じないのか……。人間としての原点に立ち返り、生きている自分の基本を見据えてください。

中心がはっきりとわかり、生きる上での軸がしっかりすれば、迷いや惑いのなかにいても自分を見失うことはなくなります。現在起きていることの状況や現象、事態をぶれのない位置から眺めることができるのです。

中心をとることは、本当の「客観的な視点」を持つことともいえるのです。

3 短所は「長所のこやし」

仏は山の彼方《かなた》にあるのではない。
自身の心のなかにある（般若心経秘鍵《はんにゃしんぎょうひけん》）

仏教の教えでは、〝真理〟や〝悟り〟といったものは、知らないものや遠くのもののなかにあるのではなく、意外なほど身近にあるものだといわれます。

ちょっと難しく感じられるかもしれませんが、お大師さまは次のように説かれています。

「それ仏法《ぶっぽう》遥かにあらず。心中にしてすなわち近し。真如外《しんにょほか》にあらず、身を捨てていずくんか求めん。迷悟《めいご》われに在《あ》れば、発心《ほっしん》すればすなわち至る」

真理は遠いところにあるのではない。自分のうちにあるのだ。悟りも外にあるのではないのだから、自分以外、どこに求めることができるだろう。正しい信仰心を持ち、真摯《しんし》に祈れば、仏さまは必ず救ってくださる。そのような意味の言葉です。

もう少しかみくだいて説明してみましょう。

それが的確なものかどうかは別にして、誰でも自分の長所、短所については自覚しているものです。しかし、ものごとがうまくいかなくなると、短所ばかりが意識されてしまうのではないでしょうか。短所がクローズアップされるあまりに、長所のほうはぼやけてしまう。

「自分は引っ込み思案で、人づきあいも下手。人前で意見もはっきりいえないし……」

短所ばかりをあげていけば、誰でもダメ人間になってしまいます。しかし、この世にどうにもならないダメ人間などいないのです。わたしの寺である期間を過ごし、巣立っていく人たちを見ていると、その考えは強くなるばかりです。

世間的に見れば、はみだし者と呼ばれる人など、長所はいっこうに見つからないが、短所をあげたらキリがない、という人が、行や周囲との人間関係を通して、まったく別人のようになる。いや、別人という表現はやめましょう。彼らは持っていながら意識されなかった長所に気付き、それをどんどん輝かせていきます。**磨くべき長所、伸ばすべき長所が、自分のなかに見つからない人などいない**のです。

◎長所を伸ばして「大樹」にする

不思議なのは、短所は長所の邪魔をしているどころか、こやしのように長所をさらに伸ばす役割をしていることです。それは樹木の下に茂る雑草にも似ています。樹木を育てることを考えれば、雑草など無用のもの。はびこれば樹木の栄養分を奪ってしまうことにもなるし、さっさと刈り取ってしまえばいい、ということになります。しかし、それは短絡的な見方でしょう。

じつは、雑草はひとまず放っておいて、とにかく樹木を育てることを考えるのがいいのです。雑草に栄養分を取られるなら、そのぶんよけいに手をかければいい。もちろん、雑草も育っていくわけですが、樹木が大樹となり、枝いっぱいに葉を茂らせるようになったら、雑草は日陰のなかで衰《おとろ》え、やがては枯れてしまいます。

樹木は長所、雑草は短所です。つまり、短所に目を向けるより、長所を伸ばし活かす生き方のほうが、長期的に見れば、いい結果をもたらすのです。

「短所は長所のこやしになる」——心に語るべきは、そこです。

◆雑草は大樹のこやしになる◆

④ 不安を「先取り」しない。絶対に

いろはにほへとちりぬるを……（いろは歌）

現代を生きていると、時間に追われる感覚、振り回される感覚に常にさらされているような気がします。世のなかの移ろいがそれだけ速度を増してきたのでしょう。とどまることなく刻々と消費されていく時間のなかで、現代人は過去を悔やんだり、未来を憂《うれ》いたりと、右往左往しています。

仏教の「諸行無常《しょぎょうむじょう》」という言葉を聞いたことがあると思います。この世のあらゆるものは絶えず変化をしていて、とどまることはない、ということですが、これは命のありようをいったものです。

参考までにいえば、この「諸行無常」には以下のようなつづきがあります。

諸行無常……あらゆるものは絶えず変化していて、とどまることがない
是生滅法《ぜしょうめっぽう》……生じて滅びるのがこの世のことわりである
生滅滅已《しょうめつめつい》……その生滅さえも滅し終えて
寂滅為楽《じゃくめついらく》……それらの静まることが安楽である

また、古くから歌い継がれてきた『いろは歌』（お大師さまがつくられたともいわれています）は、これに対応したものとされています。

いろはにほへとちりぬるを　「諸行無常」
わかよたれそつねならむ　「是生滅法」
うゐのおくやまけふこえて　「生滅滅已」
あさきゆめみしゑひもせす　「寂滅為楽」

一瞬一瞬で変わっていく時間を、これまた一瞬一瞬変わりながら生きているのだと

すれば、時間を意識することに、どれほどの意味があるのか。時間が流れるように命も流れているのです。**追われるとか、振り回される、といったとらえ方は無意味**です。

この一瞬と次の一瞬では別の命が存在しています。さらに次の一瞬にはまた別の命がある。一瞬を見つめ、そこで精魂傾けて生きる以外に手はないではありませんか。仮にその一瞬を失敗したからといって、その失敗を次の一瞬にまで持ちこしたら、新しい命を無駄にすることになるのです。

◎前向きになれる「いろは歌」の魔法

しかし、人間はしばしば、その無駄をおかしています。たとえば、

「あーあ、あのとき選択を誤ったな。別の方法をとっていたらこんなミスにつながることはなかったのに」

自分自身がした選択を悔やむ。よくあることです。しかし、過去を振り返って悩んだり、悔やんだりしたところで、何の意味があるのでしょう。過去の時間が戻ってくることはありませんし、その瞬間の命が甦《よみがえ》るわけでもないのです。

せっかく新しい一瞬の時間と、新たな一瞬の命がそこにあるのに、過去の時間にとらわれて、無駄にしているといわざるを得ません。

「いまのままの生活をつづけていて、この先どうなるのだろうか。こんなことじゃ先細っていくだけの人生だ」

などと未来を思い、悲観したり不安を抱いたりするのも同じことです。時間の先取りも、命の先取りもできないのです。一瞬ごとに動いている命は、その一瞬を意識して大切に生き切るしか、輝かせる方法はありません。

そのことに気付かず、過去や未来という幻の時間に縛られていては、いい人生など望むべくもありません。**いい人生は、いまいる一瞬をいかに生きるかにかかっている**からです。

もしも、ふいに過去に対する悔恨《かいこん》や未来に対する不安が頭をもたげてきたら、「いろは歌」を唱えてみることです。いま、本当に自分がなすべきことに立ち戻るための、最良の〝言霊《ことだま》〟となるはずです。

5 「仏さまを思い出す」「迷いを消す」

阿字《あじ》の子が　阿字のふるさと　たちいでて
またたち帰る　阿字のふるさと　（御詠歌《ごえいか》）

わたしは毎日「護摩行《ごまぎょう》」をおこなっています。炎の前で何時間も祈りを捧げる修行のことです。

「護摩」というのは、智慧《ちえ》の火によって煩悩《ぼんのう》を焼き尽くす、つまり、自己の内面を浄化することを目的とした行です。

もともとはサンスクリット語の「ホーマ」からきており、「焚《た》く」という意味を持ちます。この火の儀礼は古代インドの時代、バラモン僧の手によっておこなわれていましたが、中世インドの時代に仏教にも取り入れられました。

バラモン教の護摩と仏教の護摩の違いは、バラモン教は動物を生贄《いけにえ》として供養《くよう》するのに対して、仏教では米や五穀、胡麻《ごま》などを供養することにあります。さらに仏教の護摩には内護摩（内面的な護摩）があります。

内護摩の要旨を簡単に説明します。まず結界を張り、道場を浄《きよ》めた後、本尊《ほんぞん》を招きます。次に、護摩炉《ろ》に火をつけ、火天《かてん》（火の神）を招きます。今度は、火のなかに供物を投じて本尊を供養し、炎によって自心の煩悩を焼き尽くします。

わたしが法主《ほっす》（寺の主）をつとめる最福寺《さいふくじ》の場合、ご本尊は大日大聖不動明王《だいにちだいしょうふどうみょうおう》です。

わたしが「八千枚護摩行」という、もっともきびしい護摩行をおこなっているときは、何度となく不思議なお告げがあり、不動明王さまが眼前にお姿をあらわしました。

特殊な体験かもしれませんが、ふだんの行でも、一心に護摩を焚いていたあるとき、竜が天に昇っていくのを見たのです。竜は光の玉を追いかけるように、雲とともに上昇していきました。光の玉に追いつき、竜がそれを手にした刹那《せつな》、光と竜は一体となり、宇宙全体に広がっていったのです。また、護摩行のさなかに、わたし自身が光の玉のなかに入り込み、自分が光か、光が自分かわからなくなった、ということがしばしばあります。通常は八時間を要する護摩行が、そうした際は十分か、二十分程度にしか感じられないのです。時間を超越している感覚です。

◎「いただいた命」という考え方

そんな体験を重ねるなかで、わたしは「大宇宙は光であり、人間の生命はその光から生まれてきたのだ」という思いを強くしていきました。

お大師さまは次のような歌を詠《よ》まれています。

阿字の子が　阿字のふるさと　たちいでて
またたち帰る　阿字のふるさと

「阿字」とは、梵字《ぼんじ》の最初の文字で、「あいうえお」の五十音でいえば「あ」に相当します。阿字があらわしているのは真言密教で宇宙の中心とされる大日如来《だいにちにょらい》です。

この宇宙にあるあらゆる存在は、大日如来から生まれています。時間も空間も超越した大日如来は、すべての命の生みの親です。つまり、宇宙には「阿字の子」以外の存在はありません。わたしは先にお話しした自分の体験から、宇宙、すなわち大日如来は光だ、と考えています。

この歌はその真理を歌ったものです。阿字の子であるわたしたちは、大日如来のもとを出立してこの世に生まれ、いただいた命をまっとうして、死後は再び大日如来のもとに帰っていくのです。

阿字の子である人間は、みなそのDNAを受け継いでいます。DNAとは「光」であり、「仏性《ぶっしょう》」です。わたしたちには、一人の例外もなく仏性が宿っています。

「一切衆生悉有仏性《いっさいしゅじょうしつうぶっしょう》」

「一切衆生悉皆成仏《しっかいじょうぶつ》」

という言葉はそのことをあらわしています。

この世に生を受けたすべての人は、みな仏性を持っている。だから、**生きているあいだに自分のなかの仏性を磨くような生き方をすれば、仏さまのもとに帰れる**のだ、ということです。

自分の欲望のままに生きる、いたずらに性を貪《むさぼ》る、暴力的に生き、他人を慮《おもんぱか》ることをしない――このようなことでは、仏さまのもとに帰ることもできず、あさましい世界に落ちることになるでしょう。

6「打ち込むこと」があるか

物事を得た、達したとみずから決めてしまえば、そこで終わってしまう
（三昧耶戒序《さんまやかいじょ》）

いまだに何も得ていないのに得たと勘違いし、いまだ目的を達していないのに、できたと思い込む。それが自分を小さなものにしています。お大師さまは、自分を成長させたいなら一生が修行であり、勉強だと戒《いまし》め、「未得《みとく》を得となし、未到を到とおもえり」といわれました。

人生はいつも光に照らされている、というわけではありません。光が陰《かげ》った道を歩かなければならないこともあれば、あたり一帯が闇に包まれることもある。闇で視界が閉ざされたら、恐怖に襲われるし不安にも苛《さいな》まれるでしょう。足がすくんで歩けな

くなるかもしれません。しかし、人生の歩みをとめるわけにはいきません。

「何をやってもうまくいかない。人生、挫折ばかり。もう、何もかも投げ出したい」

闇夜は、人をそんな心境に陥《おとしい》れます。やめられるものなら、いっそやめてしまいたい瞬間もあるのが人生です。生きる上で心の依りどころもない、と思えば、闇は深まる一方です。そこで、わたしたちには闇夜を照らす〝何か〟が必要なのです。

江戸時代の儒学者で、佐久間象山《しょうざん》、渡辺崋山《かざん》らを育てた佐藤一斎《いっさい》は、その著『言志《げんし》四録《しろく》』のなかで、こういっています。

「一燈を提《さ》げて闇夜を行く。闇夜を憂うること勿《なか》れ。只《ただ》一燈を頼め」

提灯《ちょうちん》を一つ提げ、ただそれに頼っていればいいのだ。闇夜を恐れたり、嘆いたりすることはない。提げるべき提灯があれば、闇が深くとも、安心してしっかり生きていける、ということでしょう。

問題は自分自身の提灯が何かを、わかっているかどうかです。わたしの場合は、「行」がそれです。行はわたしの足元を煌々《こうこう》と照らしてくれています。何があっても、一心に行に励めば迷いも、恐れもありません。歩くべき道をはっきり指し示してくれています。

「修行を重ねれば、たしかな提灯を持つこともできるのだろうけれど、ふつうに生きるだけで、提灯が見つかるのだろうか」

そう感じる人が少なくないかもしれません。しかし、誰でも提灯を持っています。ないと感じている人は、気付いていないか、信じていないかのどちらかなのです。

◎〝一灯〟さえあれば、それでいい

手にした書物の一節に、いたく感銘を受けた経験はないでしょうか。たとえば、佐藤一斎にはこんな一節があります。

「少《しょう》にして学べば則《すなわ》ち壮にして為《な》すこと有り。壮にして学べば則ち老いて衰えず。老いて学べば則ち死して朽《く》ちず」

学びつづけることの大切さを説いたものですが、この一節を人生訓、足元を照らす提灯としている人は少なくないと聞きます。

どのような言葉でも、一節でも、それが心に染み入って勇気や希望を与えてくれたとすれば、それはたしかな一灯、闇を照らす提灯になります。心に染み入った言葉は、ときを経ても決して古びることなどありません。闇に入ったとき、何度でも何度でもひもとけば、必ず、足元に光を投げかけてくれるはずです。

これまでを振り返って、師と思える人との出会いはなかったでしょうか。思い悩んでいたときに、そこから抜け出すヒントをくれた人、落胆の極みにあったとき、どこからか手を差し伸べてくれた人、いまの自分にいちばん大きな影響を与えてくれた人などです。年長者でも同年代の友人でも、もちろん両親でも、そんな人がいたら、心強い提灯になってくれるでしょう。

胸に秘めた「志《こころざし》」も文句なしの一灯です。「こんな人間になりたい」「こう自分を活かしたい」「こんなことをしたい」……。何でもいい、**我欲とか執着とか、打算といったことから離れた志なら、曇りのない光で闇夜を照らしてくれる**に違いありません。

書物にほこりが被《かぶ》っていませんか？　師と呼べる人と疎遠《そえん》になっていませんか？　志を諦《あきら》めてしまってはいないでしょうか。

まずは頼るべき一灯に気付いてください。それが何であるかを見きわめたら、信じてください。そして、光を失わないように磨きつづけてください。一灯は人生をともに歩いてくれる、かけがえのないものなのです。

7 いつも「一期一会」

人を待ち、時を待つ（性霊集）

どんなにすばらしい教えがあっても、それを自分に伝える人、授けてくれる人がいなければ何の価値もありません。反対に、お釈迦《しゃか》さまの教えで自分が聞き漏らしていたことがあっても、他の一人でも覚えていれば、後世の人には伝わります。人とのかかわり方、出会い方こそ、自分の人生を決めてしまう大切なことなのです。

いまでこそ、お大師さまは超人か天才のようにいわれますが、決してそうではありませんでした。皆さんと同じように、悩んだり、もがいたりしながら努力を怠《おこた》らなかった人だと思います。

『般若心経秘鍵』には、「聖人《しょうにん》の薬を投ずること機の深浅《じんせん》に随《したが》い、賢者の説黙《せつもく》は時を待ち人を待つ」と書かれています。

名医が病人に薬を与えるときは、まず病状の見立てがよくできていることです。やたらに薬を与えても病状は回復するどころか悪化してしまうこともあります。また、いくらすばらしいことを伝えようとしても、話す相手とタイミングが悪ければまったく意味がありません。「機を見て、時を待つ、そして人を待つ」――この判断力と行動力が、お大師さまは人より勝っていたのだと思います。

『性霊集』の中にも、この「人を待ち、時を待つ」という言葉があります。

「時至り人叶うときは、道、無窮《むきゅう》に被《かぶ》らしむ。人と時と矛盾するときは、教えすなわち地に墜《お》つ。(中略) 興廃流塞《こうはいりゅうそく》、人を待ち時を待つ」

天下に優秀な人材がいても、時がその人を必要としていない限り、表舞台にはあらわれないということです。

天台宗《てんだいしゅう》を開いた最澄《さいちょう》と、空海という傑出した二人の天才が同時代にあらわれたことも決して偶然ではないし、空海とその師である恵果阿闍梨との出会いも偶然ではありません。余命を悟った恵果阿闍梨が空海に教えを伝授するタイミングは、この「人を待ち、時を待つ」ということだったと思います。

「わたしは以前から、あなたがここに来ることを知って、長いこと待っていました。もう寿命も尽きようとしているのに、法を授けて伝える人がおりません」という恵果の嘆きの言葉も残っています。こうした歴史が動く瞬間というものが、人生には必ずあるものです。「一期《いちご》一会《いちえ》」ともいえます。

◎「自信をつける」言葉

わたしが寺をはじめ、さまざまな場所で大勢の人たちと接するとき、もっとも強く伝わってくるのが「自信のなさ」です。会社内で自分のポジションを奪われまいと汲《きゅう》汲《きゅう》としている人、仕事にやりがいを見つけられないまま惰性《だせい》にまかせている人、人間関係、家族関係をどこか空疎《くうそ》に感じている人……。みな、自信を喪失しています。

そこで、自信を呼び起こすことのできる〝秘法〟を伝授しましょう。それは、**「いつも一期一会という気持ちを持って人と接し、それを法として生きること」**です。どんな人との出会いも、生涯一度しかないものだという思いを持っていれば、大事にしようという気持ちになります。

かける言葉にも注意を払うでしょうし、ふるまいも決してぞんざいにはならないはずです。出会えたことに対する感謝の念もわき上がってくる。別れ際には「今日はありがとうございました」の言葉も自然に口をついて出ます。

多くの場合、人とのかかわり方は時間のなかで〝慣れ〟に傾いていきます。言葉やふるまいで嫌な思いにさせてしまったことに思い至っても、「あの人なら大丈夫。今度謝ればいい」などと考えがちです。

一期一会の心を持つと、慣れで人とのかかわりを錆《さ》びつかせることがありません。

これに限らず、自分を律する法をつくり、実行すれば、消極的だった生き方が積極的なものに変わります。そして、法を守ることができている自分に自信が生まれてくるのです。生き方を少しだけ変える法であっても、守り抜けば達成感があります。「今日も一日、一期一会の心で人とかかわることができた」

この達成感と自信は好循環を生みます。達成感を得ることで自信がつき、自信は新たなものに立ち向かう勇気を与え、また新たな達成感をもたらし、さらに自信が深まっていくのです。

8 「他人の喜び」も「自分の喜び」

嫉妬という心は、他人と自分を立てわけることから生じるものである
（金剛般若波羅蜜経開題《こんごうはんにゃはらみつきょうかいだい》）

「あの人は自分よりも得をしている」「恵まれている」——こんなふうに、ついつい自分と他人とを比べて嫉妬することは誰にでもあります。

でももし、その嫉妬心から解放されれば、どんな人のおこないも素直に賞賛することができる。そのためには、自分と他人という対立から離れなければならない。お大師さまが残された右の言葉の意味は、そんなところではないでしょうか。

さまざまな感情のなかで、もっとも拭《ぬぐ》いがたく厄介なのが嫉妬（ねたみ）です。

自分は自分、自分なりの生き方をすればいい、と頭では思っていても、会社の同僚

がいち早く出世の階段を上れば、どこかおもしろくない感情が渦巻きます。「上司にへつらっているから、仕事ができるわけでもないのに目をかけられている」言葉には出さなくても、こんな憎まれ口をたたいている自分がいます。友人がマイホームを建てたと聞けば、祝ってやりたい気持ちがある反面、「見栄を張って無理しちゃって」などと、皮肉な感情がわいたりします。

ねたみをおさえがたいのは、相手に対する〝敗北感〟があるからです。

嫉妬にとらわれるのは自分が弱いからです。自己実現をするために努力や忍耐をしつづける意志が脆弱《ぜいじゃく》なのです。

だから、理想を実現している人が羨《うらや》ましくてたまらない。嫉妬はその羨ましい感情のゆがんだかたちといってもいいでしょう。

嫉妬の深みにはまると、自分に対する失望感がどんどん募《つの》っていきます。彼のようになれない自分を、いつも感じていたら、自信など持てるはずもありません。自信のない人間は、周囲の信頼や尊敬を得ることもできません。

本来、誰もが自分にふさわしい能力を仏さまから授かっているのに、自分に対する自信を失うと、せっかくのその能力を発揮することもできなくなります。

◎「他人を喜ばせること」が幸せを呼ぶ

では、嫉妬から解放されるためには、どうしたらいいのでしょうか。

逆説のようですが、**他人の喜ぶことをしたらいい**。わたしはそう考えています。なにもたいそうなことをしなくてもいいのです。自分の周囲にいる人たちの笑顔や感謝の言葉を引き出すような、小さな何かをするように心がける。それで充分です。

たとえば、職場で「おはようございます!」と明るく大きな声で挨拶をすることだっていい。明るい挨拶の言葉をかけられたら笑顔にならない人はいません。張りのある声で発せられた言葉は、言霊となって、直接、相手の心に届くからです。

仕事に忙殺されている仲間がいたら、「できることがあったら手伝おうか?」。そんな言葉をかけてみたらどうでしょう。自分のことを気にかけてくれる相手に感謝の気持ちを抱かない人はいません。

ちょっとした行為で他人が喜ぶ姿を見たら、自分もうれしいはずです。**他人を喜ばせるうれしさは、自分自身の喜びより大きい**のではないでしょうか。喜びは人に分けることで、どんどん大きくなっていくのです。

◆挨拶——謙虚な心の持ち主が「上に昇れる」◆

9 いい薬も「飲まないと効かない」

どんなによく効く薬でも、飲まなければ効かない（性霊集）

一般的に、思慮深《しりよぶか》さは人間にとって大切な資質だとされます。

たしかに、軽はずみな言動はいい結果につながらないことが多いでしょう。しかし、それを重んじるあまり、行動すること、実践することに慎重になりすぎるのはどうでしょうか。

お大師さまはこう説いておられます。

「どんなによく効く薬でも、飲まなければ効かない。どんなにすばらしい衣服がたくさんあっても、着なければ寒い」

いい考えも知識も、思っているだけで行動に移さなければ意味がありません。

禅宗にこんな説話があります。

禅師が法話をしているさなかに、突然、雨が降り出しました。あいにく粗末な法堂の屋根が傷《いた》んでいたため、雨漏りがし始めたのです。弟子たちは雨受けになるものを探しに走ったのですが、手頃な器が見つからず、右往左往するばかりでした。

いちばん最初に、禅師のもとに戻ったのは若い弟子でした。手に何かを携《たずさ》えてはいますが、うなだれたまま雨水を受けようとする様子はありません。遅れて兄弟子たちが次々に桶《おけ》や鍋を手に駆けつけたのですが、法堂に戻った兄弟子たちは、どよめき始めました。若い弟子が手にしていたのは、ざるだったのです。雨受けになどならないざるを持ってきた若い弟子の考えのなさに、兄弟子たちは笑っていました。

ところが、禅師は若い弟子を諫《いさ》めるどころか、兄弟子たちを叱りつけ、若い弟子を褒めたのです。理屈からすれば、雨受けの役目を果たす桶や鍋を持ってくるのが正しい。それが理屈だ。しかし、真っ先に行動したのはこの弟子である。理屈抜きにとにかく体を動かした。理屈にとらわれているおまえたちは、まだまだだ。それが禅師のいわんとするところでした。

◎「きれいな後ろ姿」が人を動かす

理屈は行動、実践にブレーキをかけます。理屈にこだわればこだわるほど、動きが遅くなるのです。

わたしに行動の大切さを教えてくれたのは、やはり母でした。若い頃、わたしは説法についてこんなふうに考えていました。

「経を読み、仏さまの話をしてこその説法だ」

母はそんなわたしを叱りつけるように、こう断じたのです。

「座った姿そのものが説法であってこその行者だ」

座った姿とは行に打ち込んでいる姿ということです。行をしている姿そのものが説法になっていなければ、行者としては半人前ということでしょう。しかし、わたしは母のその言葉に反発を覚えました。行者にとって行が最大の実践とはいえ、それだけでは説法にはならんだろう。やはり、経の解説や法話といった理屈を語らなければ、説法とはいえない。それがわたしの思いだったのです。

しかし、年を経るにつれて母の正しさを実感させられるようになったのです。

国内にも海外にも弟子入りを申し入れてくる人が増えてきた頃のことです。わたしの弟子になりたい理由を尋ねると、返ってくるのがほとんど同じ理由なのです。「護摩行の際、祈っている姿に惹《ひ》かれたからです」というのがそれでした。母の言葉の正しさを、弟子入りを望む人たちが証明したかたちです。

「後ろ姿がきれいでなければいけない」

これが行について母が語っていた言葉です。後ろ姿がきれいであれば、黙っていてもそれを見た人は頭が下がるようになる。いかなる説法より雄弁なのが、後ろ姿がきれいな行なのだ。母が伝えたかったのはそんなことだったのだと思います。

どんなに暑くとも、苦しくとも、盤石《ばんじゃく》のように微動だにせず座りつづける。後ろ姿がきれいであるためには、ただ真摯《しんし》に仏さまに向き合うしかないのです。ひたすら、行に打ち込むしかないのです。

いまはどちらかといえば、理屈が先行する時代でしょう。それではだめなのです。

理屈の前に行動しなければ、何事もなし得ることはできません。

2章

「今日から前向きになる」言葉

——「マイナス感情は十秒でやめる」

①「今日一日だけ」頑張る

いつまでも愚かなままではない。
時がくれば花が咲く（秘蔵宝鑰）

何事も、時がくれば必ず変化をします。常に一定ということはありません。「それ禿《かむろ》なる樹、定《さだ》んで禿なるにあらず。春に遭うときはすなわち栄《さか》え華《はな》さく」冬枯れの樹木もいつまでも枯れてはいない。春になれば花も咲く、という意味です。そして、「増《かさ》なれる氷、何ぞ必ずしも氷ならん。夏に入るときはすなわちとけ注ぐ」とつづきます。厚い氷でもいつまでも凍ったままではなく、夏になればとけて流れていく、とお大師さまは教えています。

誰にでも、失敗つづきで、打開策も見つからない状況に陥ることがあります。いわゆる閉塞《へいそく》状態というやつですが、そこから抜け出すのは相当に難しい。思考も行動もその場で堂々巡りを繰り返し、さらに深い闇が心も体も覆ってしまいます。

かつてわたしにもそんな瞬間がありました。室町時代以降、十八代つづく真言の行者の家に生まれ、物心ついた頃からきびしい行を実践する日々を送ってきたにもかかわらず、高野山大学を卒業後まもなく、昭和三十六年（一九六一）に、旧日本軍将校が中心になって起こした「三無《さんむ》事件」というクーデター未遂事件に巻き込まれ、逮捕投獄の身となったのです。

そんな状況でも、留置所で過ごした二十日間、わたしは心静かでした。頭に渦巻いていたのは、ただ、「行に戻ろう」という一念のみだったからかもしれません。

しかし、実家のある鹿児島市に帰ったわたしが置かれた状況は、行に専心していればいいというものではありませんでした。実家からは勘当。狭いアパートで日々の糧《かて》を得る方策を考えるところからのスタートだったのです。午前二時から八時まで行に集中しながら生活していくには、托鉢《たくはつ》（経文を唱えながら歩き、家の前に立って、米や金の施しを受ける修行）以外の方法はありませんでした。

日本には京都や福井など、仏教を敬う精神に篤《あつ》く、仏教徒に対しても尊崇《そんすう》の念を感じている土地柄もありますが、鹿児島はそうした地方とはまったく反対の風土を持っていました。日頃、托鉢僧の姿など目にすることはなく、もちろん、托鉢僧を受け入れる土壌もありません。

そんななかで托鉢に出るのが、わたしには嫌でたまりませんでした。しかし、行者としての道を歩くことを決意したからには、托鉢に出ないわけにはいきません。托鉢僧に対する扱いは想像を超えたものでした。お経を唱えている眼前で音を立てて戸を閉められたり、小銭を投げつけられたり、面と向かってあしざまに罵《ののし》られたりすることがつづきました。

人々から相手にもされず、人間としての扱いさえされない失意と屈辱の日々。托鉢に向かう足どりは日に日に重くなるばかりだったのです。そのわたしの背中を押してくれたのがひとつの思い、一片の言葉だったのです。

「今日一日だけ……そう、今日一日だけ托鉢に出よう」

この言葉を口にし、心に言い聞かせて赴《おもむ》いたそれからの托鉢の日々は、不思議につらさも苦しさも感じることがなくなっていました。

◎「一日できれば三日できる」

順風満帆《じゅんぷうまんぱん》のまま過ぎていく人生などありません。仕事でつまずくことも、人間関係で悩むこともあって当たり前です。

心も体も動かなくなったときは、「今日一日だけ」と考えてみてください。

「今日一日だけ会社で明るくふるまってみよう」

「今日一日だけ友人を思い、素直に謝罪の言葉を投げかけてみよう」

今日一日だけなら、心も体も動かないはずはありません。その結果、「何とかやれたじゃないか！」という自分の思いに気付くのです。そうしたら、また翌日も「今日一日だけ」という気持ちで過ごすのは、そんなに難しいことではありません。

「一日できれば三日できる。三日つづけば一年つづく。一年つづけば三年つづく」という言葉もあるではないですか。

八方ふさがりの状況をすっきり解決する〝妙案〟をあれこれ考えているだけでは、闇は深くなるばかりです。

まずは一日だけ踏み出すことで、心も体も動き始めます。

２「どうせ自分なんか」をやめる

環境というものは、自分の心の在り方によって変化するものである（性霊集）

仕事にしても、人生においてもなにかうまくいかないと、ついつい人のせいにしたり社会のせいにしていませんか？

しかし、どんなきびしい環境にあっても、それを克服しようとする人にだけ道は開かれます。自分で逆境を克服しない限り、人生に光がさすことはありません。

チャンスは、いつもピンチのあとに待っているのです。

お大師さまは「環境というものは、自分の心の在り方によって変化するものである。心が汚れていれば環境も濁《にご》ってしまう」といわれました。

さらに、こうつづけられています。「また、心は環境によって変化する。環境が穏やかなときは心も朗《ほが》らかになる。心と環境は互いに影響しあっているものであり、そこに人としての奥深い生き方があるのだ」と。

夭折《ようせつ》の歌人・石川啄木《たくぼく》の歌にこんな一首があります。

「友がみな吾《われ》より偉く見ゆる日よ　花を買いきて妻としたしむ」

仕事でも人間関係でも、思うにまかせないことがつづくと、周囲の誰もが自分より偉く見えることがあるものです。

花を買い、妻としたしむ啄木のようなしなやかな感性がない身では、気持ちはふさぎ込むばかり。仕事への意欲も失せ、人間関係も避けようとする意識がはたらくのではないでしょうか。そんなとき、心を占領しているのは「どうせ自分なんか」「自分みたいにダメな人間はいない」という思いです。

自分の能力を否定し、人間性まで疑ってしまったのでは、心は厚い闇に閉ざされるしかありません。わたしはそんな心の状態を「自己不信の袋小路《ふくろこうじ》」と呼んでいるのですが、いったんこの袋小路に迷い込んでしまうと、出口がなかなか見つからない。

「こんなダメな自分が傷つかずにいるには、閉じこもっているしかない」

そう考えてしまうのです。一種の自己防衛策、自分がそれ以上傷つかないでいるための便法ともいえるのですが、これでは事態はさらに悪化してしまいます。

いわば、精神的な引きこもり状態にあるわけですから、周囲の言葉を受け入れられなくなります。たとえ、袋小路を抜け出すヒントになるアドバイスでも、

「こんな自分に好意的な助言などくれるはずがない。何か裏があるに決まっている」

と決めつけ、拒絶する。聞く耳が持てなくなってしまうのです。自分の思いを言葉にすることもできません。

「自分なんかが何をいったって、悪くとられるだけだ」

と、勝手に自分を追い込んでいるのです。わたしはそんな人たちを数えきれないほど見てきました。もっといえば、わたしの寺を訪ねてくるのは、袋小路に迷い込み、そこでもがいている人たちばかりなのです。

◎「一所懸命やっている自分」を思い出す

しかし、わたしはきわめて楽観的に彼らを見ています。出口のない袋小路などない

からです。

出口を見出すきっかけは簡単なところにあります。「自分なんか」と考えるのをやめればいい。ただ、それだけのことです。

わたしが彼らに話をするのは、**自分が一所懸命やっている姿を思い出しなさい、そのときの気持ちで語りなさい、他人の話を聞きなさい**、ということです。誰にだって一所懸命の自分を実感できたときの記憶があります。そのときの満足感は「自分なんか」という卑屈《ひくつ》な思いとはまったく別のところにあるはずです。そこに立ち返れば、素直な思いを口にすることも、他人の思いを素直に聞くこともできる。こうなれば、袋小路からは抜け出したも同然です。

実際、わたしの話を受け止めてくれた彼らは、表情が明るく変わり、話す声にも力がみなぎってきます。

大切なのは、他人や周りの環境などではありません。**「自分は」どうするか、「自分なら」どう生きるか**、という心のあり方です。

マイナスの気持ちをプラスに転換できれば、自然と環境もプラスに転じてくるはずです。

3 最初は「カラ元気」でもいい

智慧の鏡が心にあっても、実行なくしては宝の持ち腐れとなる（性霊集）

やる気や希望を心に持っていても、何もしなければ単なる宝の持ち腐れです。お大師さまも、智慧の鏡を心に持つだけではなく〝実践行〟があってはじめて悟れる、と教えています。仏教でも実践を通して、仏の心に近づいていくのです。

八〇四年、お大師さまは一介の僧として、遣唐使に参加し第一船に乗船したことで歴史に名を刻まれました。このとき、最澄はすでに桓武《かんむ》天皇に信頼され、長安《ちょうあん》の都で天台宗を学ぶために、通訳付で、いわば国家の業務として派遣されました。最澄はもちろん無名の空海を知りません。最澄は第二船に乗船していたのです。

途中大きな嵐に遭って、第三船と第四船は遭難してしまいましたが、最澄と空海はなんとか漂着できました。当時の日本の造船技術はあまり進んだものではなかったでしょうから、海を渡って中国に行くこと自体、命がけの危険な行動だったのです。しかし、お大師さまは最初から前向きな気持ちで、危険な航海に臨んでいました。

能天気、とまではいいませんが、**未踏《みとう》の地への冒険のためには、多少の「軽い心」「明るい心」が必要**です。カラ元気でいいから、心を切り替えるのです。心が軽くなれば動きも軽くなります。心が明るくなれば動きも明るくなります。

表情に苦渋《くじゅう》を刻んでいたって、明るく笑っていたって、いま直面している状況は同じです。しかし、きたるべき状況には天と地ほどの違いがあります。「笑う門には福きたる」「笑いにまさる良薬なし」ともいうではありませんか。

この〝妙薬〟、じわじわとでも大いなる薬効を発揮してくるのです。

軽い心、軽い動きで行動すると、全体から醸《かも》し出すものがまるで変わっていきます。

苦境にへたり込んでいたのでは、状況は絶対に変わりません。あえて、カラ元気を奮い、動き出しましょう。

◎「何でもやるぞ！」という気持ち

このところ何年も、自殺者が年間三万人を超えています。理由は健康の問題、人間関係、経済的な問題など多岐《たき》にわたるようですが、経済的に逼迫《ひっぱく》して、という理由が激増しているのが、いまの時代の特徴とされます。

リストラで職を失った背中に、マイホームのローン、子どもの教育費など、家計費以外の大きな出費がのしかかれば、働き盛りの世代が悲壮感にとらわれてしまいます。

悲壮感の背景には、

「これまでと同じくらいの収入は最低でも確保しなくては……」

「部長までつとめた俺だ。ある程度のポジションを用意してくれる会社でないと……」

そんな気持ちがあるのです。だから、焦りが、あがきが、表情にも態度にも出てしまうのです。

心と体は一体です。暗い心は体全体にあらわれてしまうのです。

カラ元気を出し、「何でもやるぞ」と腹をくくる。

すると、突破口はおのずと見えてきます。

◆「カラ元気」でも明るい道が開ける◆

4 「あと一か月の命」だとしたら……

始めあり終わりあるは、この世の常の理《ことわり》、
盛者必滅《じょうしゃひつめつ》はすなわち人の定まれる則《おきて》なり（大日経開題）

「死は誰にでも平等に訪れます。そして、亡き人を嘆くのではなく、遺族はこの事実を受けとめて生きてください」

これは、ある婦人の一周忌《いっしゅうき》のときに、お大師さまが述べた追悼《ついとう》の言葉です。

人生には必ず終わりがくることをあらためて知り、その終わりまで、自分がいかに命を大切にし、思いやりを持って生きるか。これが大切なのです。

人間関係の捻《ねじ》れやもつれが、これほど露《あらわ》になっている時代はかつてなかったでしょう。仕事でも、他人を出し抜くことばかり考え、誰かがミスをすれば陰で喜ぶ。そんな人がたくさんいます。見かけの豊かさや便利さと引き換えに、「思いやり」の大切さを忘れてしまったのかもしれません。どうにかして、その忘れたものを取り戻すことはできないでしょうか。もし、それができたら、捻れやもつれのかなりの部分は解きほぐされる、社会はもう少しあたたかいものになる、と思うのです。

わたしは、「生の限りあること」に思いを馳《は》せるのも一つの策だ、と考えています。たとえば、**「自分とふれあう人の命があと一か月」「自分の命が消えるまであと一か月」**……そのように想定してみるのです。

いまの時代では、他人は迷惑をかけてもおかまいなしの存在、関心を寄せる対象外の存在になっているかに見えますが、ふれあう人の生がごく限られたものであるとしたら、「迷惑おかまいなし」でも「無関心」でもいられません。

「何かお手伝いしましょうか?」

「荷物を網棚に載せましょうか?」

「席をつめますから、こちらにお座りください」

自然にそんな対応ができるのではないでしょうか。**「どうでもいい赤の他人」は「思いやるべき他人さま」に変わっていきます。**

◎「人生最良の思い出」は何ですか?

さて、自分の命がなくなるとしたら、できるだけいい思い出を持って旅立ちたい、と考えるはずです。心にもっとも深く刻まれる、いい思い出とはどのようなものでしょうか。

したいことを心ゆくまですることも、食べたいものを心残りがなくなるまで食べることも、いい思い出となるでしょう。しかし、わたしは**「他人から感謝された」思い出こそ最良ではないか**、と思っています。

他人からいただいた「感謝」が最良の思い出だとすれば、言動はおのずと感謝をいただくにふさわしいものになるはずです。かける言葉も、他人を思いやるもの、他人のためになるもの、他人を喜ばせるもの、他人を気づかったもの、になりますし、行動も同じです。

僧でもあり、漂泊の歌人としても知られる西行《さいぎょう》にこんな一首があります。

わきてみん　老木《おいぎ》は花も哀れなり
いまいく度《たび》か　春に逢ふべき

爛漫《らんまん》の春を謳歌《おうか》するかのように咲き匂う桜は、その艶《あで》やかさで愛《め》でるものを圧倒せずにはいません。しかし、桜も年輪を重ねて老木となるにつれて、花も勢いを失い、くすんだ花に哀れを感じています。あと何回、春を迎えることができるだろうか。そんな感慨《かんがい》が西行を包みます。

桜木の哀れを思い、命のはかなさに思いを馳せている西行。その心は、いま取り戻すべき心にも通じています。

「自分とふれあう人の命があと一か月」「自分の命が消えるまであと一か月」と考えることで、命のはかなさを思い、だからこそ他人の命も、自分の命も大切にして生きようとする心を取り戻せるのではないでしょうか。

5 「もうダメだ」ではなく「まだダメだ」

蜜柑《みかん》は冬の冷たい霜に遭ってさらに色づく（性霊集）

「もうダメだ」と諦めの思いが一瞬でも頭によぎったとき。

こんなときは、「いや、まだダメだ」と声に出し、「明日は今日よりきっといい」と思いを転じることです。

お大師さまはこんな言葉を残されています。

「豈柑橘《あにかんきつ》の霜に遭いて、美なるに如《し》かんや。星の如《ごと》く玉の如し、黄金の質なり」

蜜柑は冷たい霜に遭って美となるもの、星や玉と同じように、黄金のような輝きがある、という意味ですが、わたしはこの言葉を噛みしめ、「そうだ、冷たい霜はさらに輝くための糧となるのだ」と自分の姿に重ねて、一所懸命、托鉢に励みました。

長くつづく世のなかの閉塞感は、さまざまな不幸な現象を生み出しました。企業倒産やリストラ、経済的な理由による自殺や家庭崩壊……。そこまではいかなくても、誰もが自分の確固たる居場所を見失っているように見えます。

そんな時代だからでしょう。わたしのもとには、毎日、大勢の人が相談に訪れます。もちろん、抱えている苦しさや悩みはそれぞれ。まさに千差万別ですが、わたしは、必ず、一人ひとりと向き合って話を聞くようにしています。

わたしに向かって苦しさを吐き出し、悩みをぶつけてくる人たちには、共通点があります。表情の暗さです。みな一様に顔は俯《うつむ》き、視線は伏し目がちになって、暗い表情を浮かべているのです。口から出る言葉には力がなく、わたしの耳には同じように響きます。

「もうダメだ」。一人ひとり、話の内容は違っても、言葉から伝わってくるのはそんな暗い心なのです。過酷な状況やつらい立場に立たされていれば、「もうダメだ」の思いが心の奥から這《は》い上ってくるのはやむを得ないかもしれません。しかし、その先には何があるでしょう。希望や光が見出せるでしょうか。暗い表情がますます陰りを深め、心の曇りがいっそう暗さを増すだけではないでしょうか。

苦しいとき、つらいときこそ、表情を輝かせなければいけません。

「苦しいときに明るい表情なんてできっこない！」

本当にそうでしょうか。そんなことはないのです。「もうダメだ」といっているから、表情は明るさから遠ざかっていくばかりとなるのです。口に出す言葉を、変えてみるのです。


「まだダメだ」

まったく同じ状況にいても、「もうダメだ」の言葉を心に思うのと、「まだダメだ」の言葉を思うのとでは、天と地ほども違います。前者はみずから希望も光も遮断しているのに対し、後者は希望や光があることを諦めてはいません。

◎「暗いものに背を向ける」生き方

わたしはよく「背暗向明《はいあんこうみょう》」の生き方をしなさい、という話をします。暗いものには背を向け、明るいものに向かう生き方です。暗いものとは、たとえば、絶望であり、失意であり、萎縮《いしゅく》です。一方、明るいものは希望であり、発奮であり、挑戦です。どちらを向いて生きるかで、同じ状況が大きく変わっていきます。

明るいものに向かって進めば、心の曇りはしだいに晴れ、覆われていた光があらわれてきます。その第一歩となるのが、「まだダメだ」の思い、言葉なのです。声を大きく張って「まだダメだ」といってみると、それが言霊となり、表情に明るさがさし込みます。心は明るいほうへ、明るいほうへと向かっていくのです。

わたしがどんな境遇にあっても、落ち込むことがなく、満足を得られるのは、お大師さまや、最福寺のご本尊の不動明王さまと〝同行二人《どうぎょうににん》〟という安心感があり、困難な状況でも「まだダメだ。きっと事態は好転する」と信じていたからでしょう。

托鉢に立った家で「うるさい！」とどやしつけられることもありましたが、「おまえさんは声がいいから、いいお経に聞こえるよ」

と褒められるようにもなっていったのです。懸命さが声の張りやリズムのよさにつながっていたのでしょう。

気持ちが前向きでいると状況がどうであれ、そこで一所懸命になれるのです。一所懸命をつづけていれば、必ず、次の段階に上ることができます。

6 くよくよ悩むのは「十秒」

心病の本《もと》はただ一つ、無明《むみょう》これなり（十住心論《じゅうじゅうしんろん》）

人生に悩みがない、という人はなかなかいません。誰もが、悩みや不安を抱えて生きています。

お大師さまは、その原因は「無明」であるといいます。無明とは、欲望や執着心のあらゆる煩悩の根源にあるものだといわれます。

この無明を取り払い、葛藤を克服することで、心を強くすることができるのです。

僧侶のわたしが紹介するのは、奇異に映るかもしれませんが、同じような教えがキリスト教にもあります。

「あなた方のうち誰かが思い悩んだからといって、寿命をわずかでも延ばすことができようか。なぜ、衣服のことで思い悩むのか。野の花がどのように育つのか注意してみなさい。働きもせず、紡《つむ》ぎもしない。しかし、いっておく。栄華を極めたソロモンでさえ、この花のひとつほどにも着飾ってはいなかった。今日生えていて、明日は炉《ろ》に投げ込まれる野の草でさえ、神はこのように装ってくださる」

『新約聖書』（「マタイ伝」福音書第六章）の一節です。

語られているのは、思い煩《わずら》うことの無意味さです。野の花もはかない命の野草も、みずから何もせずとも、神がそれにふさわしく充分なものを与えてくださる。だから、人間も思い煩ったりしないで、神にゆだねておけばいいのだ、ということでしょう。

仏教とキリスト教では、世界観も死生観も違いますが、その教えには共通するところも少なくありません。仏教ではこの世は苦である、生きることは苦である、と考え、その苦しさとどう向き合い、どう軽くしていくか、を教えています。

その際、必要な姿勢のひとつが、**むやみに思い煩わないこと**です。

生きているうちには、どう逆立ちしたところでかなわないことがあります。自然現象を考えればいい。翌日に屋外で活動する予定があって、どうしても雨が降らないでほしい。どんなにそう願っても、天気を自在に変えることなどできません。

また、すでに過ぎてしまったことを思い煩うことも、意味がないことです。「覆水《ふくすい》盆に返らず」という言葉もあるではないですか。悩もうと思い煩おうと、過ぎたことはもとには戻りません。

◎深みにはまらない

誰もが、そんなことはわかっているのです。しかし、気付けば思い煩っている自分がいる、というのもまた、人間です。思い煩い、いつしかマイナス感情、マイナス思考で心をいっぱいにしてしまう。

心も体も活発に動いているときは、マイナス感情やマイナス思考をすぐに追い払うこともできるでしょう。ところが、仕事で疲れていたり、人間関係で精神的なダメージを受けていたりするときは、深みにはまりかねません。

マイナス感情、マイナス思考からいち早く抜け出すには、ちょっとしたコツが必要かもしれません。わたしはこう考えています。

「マイナス感情、マイナス思考を持つのは十秒までとする」

十秒で別のことに考えを向ければ、深みにはまることはありません。それを超えると、ズルズルと引っ張り込まれる。とはいえ、気持ちの切り替えが得意でない人にはいささか荷が重いかもしれません。

そんなときこそ、言霊の力を借りるのです。好きな言葉、楽しい言葉、気持ちを明るくしてくれる言葉……これらを大きな声にしていうのです。

「つまずいたり、転んだりするほうが自然なんだ」

「幸せはいつも自分の心が決めるんだ」

何でもかまいません。心がふっと軽くなる、気持ちが前を向く言葉を声にすると、マイナス感情は離れます。これを習慣にすることです。すると、とらわれているな、と感じたとき、反射的にいい言葉が出るようになります。

それが自分にとっての〝真言〟、つまり生きる上での指針となる、いつわりのない言葉です。すぐにも見つけましょう。

7 言葉の「不思議な力」を使ってみる

たとえ一瞬でも清らかな心で念ずるならば、
その思いは諸仏諸菩薩《しょぶつしょぼさつ》に必ず通じる　（念持真言理観啓白文《ねんじしんごんりかんけいびゃくもん》）

何かを祈ったり、願いごとをするときは、どれだけ念じたのかではなく、どれだけ強い気持ちで念じたのかがカギを握ります。

お大師さまは、

「たとえ一瞬でも清らかな心で念ずるならば、その思いは諸仏、諸菩薩に必ず通じる」

と教えています。

わたしたちは、ふだんなにげなく言葉を使っています。誰かと話をするとき、浮かんだ言葉を口にする前に、じっくり〝吟味《ぎんみ》〟するという人は多くはないでしょう。

しかし、言葉は魂が宿った言霊なのです。使い方によってはその不思議な力で人を活かし、幸福にもすれば、災禍《さいか》をもたらし、不幸のどん底に突き落としもするのです。言葉をぞんざいに扱っていては、幸福もいい人生も引き寄せることはできません。

行者が最初に教えられるのは呪《のろ》いです。もちろん、人を苦しめるためではありません。呪いにかけられた先祖の因縁《いんねん》で苦しんでいる人を救うのが呪法《じゅほう》の目的です。

呪いをかけると、その想念が光となってかけられた人に届き、願った通りの現象が起こります。たとえば、「足を悪くしてやる」と念じて呪えば、確かに相手の足に異変が起こるのです。

わたしが呪法を修《おさ》めたとき、母がいった言葉はいまだに忘れることができません。

「人は棒ほど願って針ほどかなうというが、おまえには針ほど願って棒ほどかなえるだけの霊力がある。だから、決してよこしまなことを願ってはならない。みんなの役に立ち、みんなが喜ぶことだけを考えるようにしなくてはいけない」

言葉にも同じことがいえます。悪い言葉は人が持っている光を澱《よど》ませ、悪いことを引き起こします。愚痴や他人の悪口を始終口にしている人は、たとえ、護摩行をやったとしても、希望がかなったり、思いが実現したりすることはありません。

逆にいい言葉を心の底から信じて発すると、言葉に魂が入り、光となってその人を包み込みます。お大師さまは「真言をいえば、その真言が光となって自分を包む」とおっしゃいましたが、その現象を、自分の上に実現させることができるのです。

◎〝諦めない！〟心

突然、わたしのもとに山口大学医学部の大学院に通う学生が訪ねてきたことがありました。話を聞くと、彼は白血病におかされ、すでに余命宣告を受けているとのことでした。これから医師として力を尽くそうとするときに、頼みの医師から死を宣告されたのですから、彼の受けた衝撃、その絶望感は想像にあまりあります。

しかし、彼は諦めませんでした。宣告を覆すために全力で立ち向かう決意を固めたのです。暗中模索するなかで、たまたま出会ったのがわたしの著書だったそうです。とるものもとりあえず、鹿児島の寺にやってきた彼は、「修行させてください」と告げたのでした。

翌日から彼は、護摩行に取り組みました。一回の行は時間にして二時間ですが、天井まで燃え上がる炎の前に座り、真言を唱えつづけるのですから、並の過酷さではありません。すぐに彼の顔や手には火の粉が降りかかり、火傷《やけど》となるほどでした。

しかし、一週間後、「気分がとてもよくなってきました」と話す彼は、訪ねてきたときとは別人のように精気を取り戻していたのです。後日、電話で感謝の気持ちを伝えてきた彼の声は、明るく力強いものでした。

「先生、おかげさまで元気になりました。本当にありがとうございました」

その言葉は確かに光に満ちて、わたしの心に届いたのです。彼は現在、岡山大学の医学部教授として、医療の第一線に立ちつづけています。

わたしは寺を訪ねてきた相談者のために、相談者そのものになった気持ちで、護摩行に打ち込んでいます。そして彼らに向けて、希望が出る言葉で語りかけるのです。

「あなたの苦しみがなくなるように、本気の本気でやりますからね」

この一言が、彼らに安心感をもたらすのです。

人の心を甦らせる言葉や、人を喜ばせる言葉を、たくさん口にするように心がけましょう。

8 体・心・言葉は「いつも一緒」

手に印を結び、口に真言を唱え、
心を清らかにする（即身成仏義《そくしんじょうぶつぎ》）

何か生き方の〝指針〟が欲しい――誰の胸のうちにもそんな思いがあるでしょう。「どう生きたらいいのか」ということは、人間の永遠のテーマであるかもしれません。お大師さまは「手に印を結び、口に真言を唱え、心を清らかな状態にすれば、私たちは身口意《しんくい》の三密が、仏さまの三密と相応じて、その加護をいただくので、速やかに悟りの境地に達することができる」といいます。

真言密教では生きる上でこの「身口意」を非常に重要なものと考えています。身は体の働きとエネルギーをさして「身密《しんみつ》」、口は言葉の働きとエネルギーのことで「口《く》密《みつ》」、意は心の働きとエネルギーで「意密《いみつ》」と呼ばれます。

この「三密」を常に高めるような生き方をするよう、お大師さまは教えています。

◎なれ合いは心のエネルギーを萎《しぼ》ませる

真言密教の世界には、加持祈祷《かじきとう》（災難を祓《はら》うための祈祷）でわたしたち行者がお祈りすることによって、病気が治ったり、悩みが解消されるということもあります。それは行者が日々の苦しい行によって仏性を磨いた結果、大日如来の智慧と慈悲の力を与えられ、仏さまに代わって、人々を救うということです。

「過ちをなすものは迷い、善をおこなうものは悟る」（性霊集）

「いつわりの言葉は苦を招き、真の言葉は安らぎをもたらす」（声字実相義《しょうじじつそうぎ》）

「こだわりの心は毒とも災いともなる」（性霊集）

体（行動）、言葉、心は一体のもので、同時に高めなければいけない。それが教えの核心です。

わたしたちがおこなう「行」はそのための実践法ですが、日々の生活のなかでも身口意を高めるという意識を持つことが大切です。

仕事でたまったストレスを発散しようと、酒におぼれるといったことはありませんか。適度な酒を楽しく飲むのはいいにしても、いつでも全力で事に当たれる体のエネルギーを保っておく。それが「身」を高めるあり方の基本です。

知らず知らずに言葉で人を傷つけたりしていませんか。感情的になって人を貶《おとし》めたり、罵《ののし》ったりする言葉や、愚痴や恨み言のたぐいも要注意です。自分自身を大きく見せようとする言葉、いわゆる大言壮語《たいげんそうご》も「口」を高めることを妨げるばかりです。

「意」、すなわち心のエネルギーを高めるには、自分が秘めている力を信じ、いつも前を向いて可能性を追い求めていくことです。人間関係でも、より相手を思いやる努力を怠った〝なれ合い〟では、心のエネルギーを萎ませるだけです。

身口意を高める生き方は、なにもきびしい行をすることではありません。心を停滞させることなく動かし、その心が欲しない行動はしない、心が望まない言葉は語らない、ということを意識していけば、身口意は一体となって高まっていきます。

大切なのは意識をいつも持ちつづけること。思い立ったときだけおこなうのでは、行の意義はないのです。身口意を高めようとする意識も同じです。

◆日頃から「体」「心」「言葉」を意識する◆

9 その逆境は「仏さまの親心」です

慈は楽を与え、悲は苦を抜く（性霊集）

「なんでこう、何もかもうまくいかないんだ。もう、身動きがとれやしない」

このように、あらゆる手だてを奪われたような気持ちがして、絶望の淵にいるとしか思えないことがあります。しかし時が過ぎてみると、一回り大きくなった自分を感じることができる。「艱難汝《かんなんなんじ》を玉にす」という言葉がありますが、まさしく、悩みや苦しみを経ることで、磨かれていくのが人というものでしょう。

「そうはいっても、逆境つづきでは気力だってなくなってしまう」

たしかに、逆境の渦中にいるときは、その状況が永遠につづくのではないか、という不安が膨らみます。何とか乗りきろうとする気力が萎《な》えることもあるでしょう。

「これも試練だ」と考えることができる人は、そう多くはないかもしれません。しかし、逆境のなかにも仏さまはいます。いるどころか、逆境は仏さまの智慧の光そのものなのです。逆境にあってつらさや苦しさ、孤独感や疎外感に苛《さいな》まれているときは、じつは仏さまの智慧の光を浴びているのです。

仏さまは、わたしたちを親心で見ておられます。親心には父親のそれと母親のそれがあります。逆境は父親のきびしい親心によってもたらされるもので、そのとき仏さまは智慧の試練を与えておられるのです。

中国の詩人・杜甫《とほ》の詩「江亭《こうてい》」に、こんな一節があります。

水流れて心は競わず
雲在りて意は倶《とも》に遅し
寂々《せきせき》として春、将《まさ》に晩《く》れんとし
欣々《きんきん》として物、自ら私《わたくし》す

ゆったりと川の流れをながめているさまを詠んだものです。川の水は流れているけれど、自分の心はそれと競おうとはせず、浮かんでいる雲のようにゆったりとしている。春は移ろいゆきながら、みなそれぞれ大宇宙のなかで自足している。

そんな意味の一節ですが、逆境にあるときは、川の流れをゆったりと見つめている心境でいるのがいいのです。**つらさも苦しさも、もがくからよけいに強く感じるようになる**のです。どれほどのつらさ、苦しさにさらされているとしても、仏さまの智慧の光のなかにいるのだから、そんなものは流れのままにまかせてしまえばいい。そう考えたら、力みは抜けるのではないでしょうか。

◎楽を与える、苦しみを抜く

流れにまかせるとは、**まず、愚痴をいわないこと**です。

愚痴は心を弱くするだけです。自分の心の弱さをさらけだすのが、愚痴だということを知らなければいけません。

反対に順境のときは、決して慢心しないように心がけることです。

「この世をばわが世とぞ思う望月《もちづき》の　かけたることもなしと思えば」

平安時代に娘三人を三代の天皇の皇后として嫁がせ、栄耀《えいよう》栄華をほしいままにした藤原道長の歌ですが、このときの道長は順境にいて〝わが世の春〟と感じていたかもしれません。しかし、その慢心ゆえに没落の憂き目に遭ったことを、その後の藤原家の歴史がわたしたちに教えています。

お大師さまは「仏心は慈と悲なり」といいました。慈は「楽を与える」こと、悲は「苦を抜く」ことをいいます。

仏さまは逆境という智慧の光と、順境という慈悲の光で人を照らしています。慈悲はやさしい母親の親心です。その慈悲を感じるとき、人はリラックスした安堵《あんど》の境地にあります。仕事にも家庭にも、あるいは人間関係にも憂いや迷いはなく、すべてが思うように動いていると感じるでしょう。

しかしその順境も、仏さまの慈悲によってもたらされていることを肝に銘じなければいけません。

「仏さまがくださった、このありがたい〝いま〟を、ほかの人たちと分かち合おう」

安堵を、幸福を、周囲と分かち合う。順境とはそうしたものなのです。

3章

「心がふっと軽くなる」言葉

——「ありがとう」「ごめんなさい」「おかげさま」

1 言葉は「あなたを運ぶ船」

音を響かせるのは風であり、風は生命の姿を
私たちに伝えてくれる天空からの使者である（秘蔵宝鑰）

どんなに立派な思いを持っていても、言葉にしなければ伝わりません。また、どんなにありがたい言葉でも、伝える声が弱々しければ、相手の心には響きません。

仏教には、開運のために心だけでなく、言葉を大切にしなさいという教えがあります。お大師さまは「音に響きあり」といわれていますが、言葉の響きこそ、私たちに世のなかの真理やメッセージを伝えてくれるものなのです。

日常の暮らしのなかでも、〝口は災いのもと〟という格言は熟知しているはずなのに、言葉の使い方で失敗するケースがあとを絶ちません。自分が〝加害者〟として相

手を傷つけてしまうことも、〝被害者〟になって心に深い痛手を負うこともあるでしょう。それが人生を左右することも、少なくはないのです。

言葉の力をあらためて見つめ直す必要があります。言葉には霊がこもっています。魂が宿っています。その霊力を信じていた古代日本人は、〝言霊〟という言い方を生み出しました。言葉が人を楽しくすることも悲しみを与えることも、喜ばせることも苦しめることも、そして、幸福にすることも不幸に陥れることができるのも、言霊の働きによるのです。

言葉は心を伝える船だ、といっていいでしょう。言葉を投げかけるということは、心を言葉という船に乗せて、相手の心に届けることです。それがどのように受けとられるかは、船である言葉しだいです。

感情的な言葉はその声で相手の心に届きます。それで、相手からも感情的な言葉が返ってくることになる。〝売り言葉に買い言葉〟ということです。

感情的な言葉とは対照的に、仏教には「愛語《あいご》」という教えがあります。「布施《ふせ》」「利行《りぎょう》」「同事《どうじ》」とともに、菩薩の四摂法《ししょうぼう》（救いの手法）とされるのがこれです。愛情のこもったやさしい言葉、人の心を慰める言葉、自分のためでなく、ただ相手を思いやる言葉が愛語です。

愛語は心のそのままを相手に届けます。愛しているという気持ちを届けるのでも、愛語ならゆがみも曇りもない、心のままが届きますが、おざなりな言葉を使えば、心のままを届けることができません。

「どうして、この思いをわかってくれないのだ」というときは、相手を責めるのではなく、自分の言葉を思い返してみなければいけません。

叱責《しっせき》した相手が反発しか感じていない、といったときも言葉が大きく影響しています。本当に相手のことだけを思いやって叱っている言葉なのか、それとも、自分の感情をぶつけているだけの言葉なのか、見直すことが必要です。

「和顔《わげん》愛語」という言葉がありますが、愛語を使うとき、人は知らず知らずにやわらいだ穏やかな顔になっているものです。たとえ、相手を叱責したり、注意を与えるときでも、愛語には相手を包み込むような和顔がともなうのです。

◎声を響かせる

お大師さまがことさら重要だ、とされたのが、声の響きでした。真言を唱えるときは声の響きを大切にするように、と教えています。

護摩行をする際は、真言を唱えつづけますが、行者も信者さんも護摩木の炎とともに心を燃え立たせるほど声を響かせます。

真言の智慧、真言の力を心に伝えるのが声の響きです。その響きによって耳から真言、つまり、仏さまの言葉が入ってきて、体も心も甦らせるのです。

ですから、愛語を使うことに心を配るだけでは充分とはいえません。声を響かせることにも、注意を向けることです。

修行を積んだ僧侶が『般若心経』などを唱えているのを、聞いたことがあるでしょうか。

朗々と響き渡るその声は聞くものを心地よくさせ、生命力を吹き込みます。お経の細かい意味はわからなくとも、響きがその智慧を伝えてくれるのです。

2 「お腹の底から」声を出す

真言は不思議なり、観誦《かんじゅ》すれば無明を除く（般若心経秘鍵）

同じ内容を話しているのに、「この人の話には力があるな」と感じることはありませんか？　言葉は、その一つひとつに思いが宿っています。話に力がある人は、言葉に強い思いを込めている人だといえます。

言葉は声に出して、語ってはじめて、力になります。

たとえば、「ありがとうございます」という感謝の言葉、「ごめんなさい」という謝罪の言葉に心からの思いを込めるだけでも、言葉が光となり、相手の心に広がっていくのです。

素直に感謝できた、お詫びができたというとき、清々しい気分を感じた経験は、誰にでもあると思います。それも、言葉の力がなせることです。

こちらの心を込めた言葉は、語りかけた相手の心を開かずにはいません。わたしは講演や平和を願う会議に出席するため、たびたび外国に行くのですが、そこでよくこんな経験をします。

会議の休憩時間などには、どこの国の人であろうとおかまいなしに話しかけるのがわたしの流儀です。決して語学が堪能《たんのう》というわけではなく、使うのはもっぱら鹿児島弁です。しかし、それでもわたしの周りにはいつのまにか人が集まります。

いつの会議だったか、やはりそんなことがあったあと、イスラム教徒の参加者から、「明日の会議ではあなたが議長をやってください」と頼まれたことがありました。英語ができないと答えると、「議長席に座っていてくれるだけでいい」ということで、結局、議長をつとめる羽目になったこともありました。

その会議の様子を見ていた新聞記者から、

「わたしは国際会議に何度も出ていますが、恵観《えかん》さんほどロビー外交の巧みな人はいませんよ」

と言葉をかけてくれたときは、さすがに面映《おもは》ゆかったものです。

言葉は、細かい意味まで伝えることのできない外国の人相手にも、心開かせるほどの力を持っているのです。

◎「ありがとう」という言葉の輪

お大師さまは声に出すことの大切さについて、こういっています。

「真言は不思議なり、観誦すれば無明を除く」

真実の言葉を声高らかに唱えれば、愚かさや心の曇りも取り除かれるのです。

それでも、言葉の持つ大いなる力を、多くの人は使い切ることができていません。

実際、わたしの寺で護摩行に臨む人たちも、当初はほとんど声が出ない状態でした。

「ノーマクサンマンダー、バーザラダンセンダー……」

というごく短い真言さえ、まともに唱えることができません。

そこから、無心の大声が出るようになって、仏さまの言葉が耳から入ってくるようになり、護摩行は本来の意味を持ってきます。

挨拶を交わすときも感謝をあらわすときも、また、謝罪するときも、抑揚のない投げやりな「どうも」だけですませているという人が少なくありません。これではみずから迷いを招いているようなものです。

『般若心経』や『不動真言』などを唱えていると、言葉が光の粒となって、多くの人に広がっていきます。その光を受けた体には生命力がみなぎってくるのです。

お経や真言などの特殊な言葉でなくても、大きな声で発した言葉は心の曇りを払ってくれます。

朝起きたら、家族に「おはよう」の言葉を明るく投げかけてみましょう。

ご近所の人や会社の仲間にも、開口一番「おはようございます」と元気にいってみましょう。

どこかくぐもっていた気分は、必ず、変わります。

その日一日が、それまでとは違った、心にわだかまりのない気持ちのいい日になるはずです。

3 五分でできる「心のそうじ」

凡夫《ぼんぷ》は、貪り・怒り・愚かさという三つの毒や、あらゆる欲望をほしいままにしている（秘蔵宝鑰）

このところ「そうじ」の効用について書かれた本が一種のブームになっています。根拠はそれぞれに違うのでしょうが、要は、自分が生活する空間をきれいにしておくことが幸運を呼び込む、というのが、そうじ本のいわんとするところ。たしかに、塵《ちり》ひとつないほど隅々までそうじの行き届いた家なら、清々《すがすが》しい気持ちで暮らせますし、その気持ちが幸運を呼び込むことは不思議ではありません。

そうじでもっとも肝心なことは、毎日、欠かさずおこなうことです。ほこりはそうじをした直後からたまり始めます。一週間に一度、十日に一度、徹底的にやるという流儀では、ほこりを取りきることはできないのです。

わたしの寺には弟子たちや企業から研修に訪れた人たちがたくさんいますが、彼らの重要な日課のひとつが、徹底したそうじです。寺は広くてそうじのやりがいがある。本堂、大仏殿、境内《けいだい》、仏具などのほこりをすっかり拭うには、相当な時間と労力が必要です。手抜きは絶対にしません。

そうじは単に、寺を磨き上げるという意味があるだけではありません。心のほこりを払うための「行」なのです。

「えっ、心にもほこりがたまるの？」

そんな疑問を持つ人がいるかもしれませんが、**心のほこりも家と同じように、毎日、たまっていきます**。放っておけば、厚く降り積もって心の透明度を失わせてしまいます。ほこりで曇った心には光が通りません。放っておくと、怒りやねたみなどのマイナス感情が心をむしばむこともあります。

この〝心のごみ〟にまみれずに暮らしていけたらいいのですが、現実には、人は欲と離れて生きていくことができないのです。

では、どうすれば〝心のごみ〟とうまく付き合っていけるのか。

じつは、誰にでも簡単にできる〝そうじ〟の方法があるのです。

◎眠る前に一日を振り返る

まず毎日、眠りにつく前に自分の一日を振り返ってみましょう。

もちろん、ここでも手抜きはいけません。周囲の雑音を消し、目を閉じ、心の雑念を拭い去って、その日一日の言動を静かに思い返してみる。何人もの人と接し、いくつもの仕事をこなした一日は、どんな時間の流れだったでしょうか。心は、体は、どう動いたでしょうか。

「朝急いでいたから、すれ違った隣の家の人にきちんと挨拶できなかったなあ」

「駅の階段を駆け上がったとき、ぶつかった人に、ちゃんと謝ったかな？」

こうして反省することで**「明日こそは、いい一日を送るぞ」という前向きな心の準備ができます**。それが、もっとも有効な心のそうじになります。

「しかし、それを毎日やるとなると大変だな」

そんなことはありません。記憶が鮮明な〝その日のうち〟なら、五分から十分あれば、心のそうじは充分にできます。また、毎日つづけることで、自分に必要な反省点も明確になっていきます。自然とそうじのコツが身についてくるのです。

◆心のほこりを掃き清める◆

4 心を「素」にしてみる

加持とは仏さまの大きな慈悲と
衆生《しゅじょう》の信心の気持ちをあらわす（即身成仏義）

生きているということは、心にいろいろなものを纏《まと》うことだ、といっていいかもしれません。

生まれたばかりの赤ちゃんの心はまっさら。まさに無心の状態です。

しかし、時間の流れとともに、心も変化していきます。周囲を思いやったり、大切な人を愛したり、何かに情熱を傾けたり……。それらは心が育ち、変化するからこそなしうることでしょう。

一方で、同じように、いたずらに貪ったり、他人を恨んで愚痴をいったり、周囲に怒りをぶつけたり、などの「三毒」の感情も、変化した心から生じるのです。

求めるだけ求め、囲い込むだけ囲い込むのが「貪り」です。欲望のままに何でも求める一方、得たものは、絶対、他人に施そうとはしません。

そして、自分の気に入らないことに対してはひたすら「怒り」をぶつける。自分の言動を見つめることもなく、努力もしないで、怒りのエネルギーを爆発させる。

社会や組織には矛盾《むじゅん》や不条理、不合理が必ず生まれます。批判すべき対象や修正が必要なものは、あって当然です。ただし、怒りを向けるばかりではいけません。

怒りをおさえ、冷静になることで、はじめて心の曇りを晴らすことができます。

◎心から「三毒」を削《そ》ぎ落とすコツ

怒りについては、こんな逸話があります。

あるとき、弟子がお釈迦さまの批判をはじめました。黙って聞いていたお釈迦さまは、その弟子にこう聞いたのです。

「おまえは、他人から自分が欲しくないものをあげようといわれたら、どう返答するのか」

弟子は答えました。「そんなものはいらない、と断ります」

それを聞いたお釈迦さまは、弟子をこう諭しました。

「わたしもおまえと同じ答えをしよう。いま、おまえがわたしにいった言葉は、わたしにはいらないものだから、返そう」

相手を批判したり、攻撃したりする言葉も、怒りから生まれます。しかし、その怒りは相手の反撃の言葉を誘うだけです。その結果、怒りがぶつかり合い、拡散することになるのです。

この逸話は、怒りを言葉にすることの無意味さを教えています。

そして、しなければいけないことを怠けたり、他人の成功を羨んだり、何でも思い通りにしようとしたり……。それが「三毒」のうち、最後の「愚か」ということです。

お大師さまは、こうしたマイナスの感情を強く戒めています。そこから離れるには、心を〝素《す》〟にすることでしょう。**心が纏っているよけいなものを削ぎ落としていくのです。**

真言密教では「加持」(仏と行者の行為が一体となること)を重要な行として位置づけていますが、お大師さまは加持についてこういっています。

「加持とは如来《にょらい》の大悲と衆生の信心とをあらわす。仏日《ぶつにち》の影、衆生の心水《しんすい》に現ずるを加《か》といい、行者の心水よく仏日を感ずるを持《じ》となづく」

仏の光を受ける人の心が、その光の影を映す水のようにすみきっていなければならない。そして、光を伝える役目をする行者の心も、また、平らかな鏡のような水面となっていなければいけない、ということです。

このお大師さまの言葉にある、すみきった平らかな心こそ、仏の光をあまねく受けとることのできる素の心です。

心を素にすることは、それほど難しいことではありません。たとえば、そうじをするだけでも心を素にすることにつながります。部屋をきちんと片付けたり、トイレをきれいにするだけでも。そうじをするうちに、よけいなマイナス感情が洗い流され、すみきった平らな心に近づくことができます。

また、怒りを抱える相手に、自分も怒りで対抗しても、何の解決にもなりません。相手がマイナス感情を持って接してきたら、ひと呼吸置き、相手の態度につられないようにしましょう。

5 「感動する心」をつくる

天朗らかなるときはすなわち象《しょう》を垂れ、
人感ずるときはすなわち筆を含む（三教指帰《さんごうしいき》）

誰にでも、久しぶりに人に手紙を書きたくなったり、見たものや出会ったものを日記に書き残したくなったりすることがあります。

人が文章を書くときには、必ず理由があるものです。その理由とは、〝心が感動しているから〟だといえます。

「天朗らかなるときはすなわち象を垂れ……」という冒頭に挙げたお大師さまの言葉にも、「文の起こりは必ず理由あり」という前文があります。

昔の人も自分の感動を文章にしたように、自分の気持ちやおさえきれない志を言葉にするわけです。天地が明朗なように、自然発生的に生まれた素直な気持ちが言葉を生んでいます。

あなたは最近、感動するような出来事に出会いましたか？

わたしは、現代を生きる人たちからいちばん失われているものは「感動する心」だという気がしてなりません。何を見ても、何を聞いても、何に接しても、心を動かすことなく受け流してしまう。とりわけ、若い人たちには、その傾向が強いようです。思わず「もったいない！」といわざるを得ません。

イギリスの社会評論家・美術評論家のジョン・ラスキンはこんな言葉を残しています。

「人を他の人より気高くするのは、他より感じることである」

〝感じること〟は精神の高みに人を押し上げてくれるものなのに、無感動でいるのは、心を磨く機会を自分から放棄してしまっているのに等しいのだと、ぜひ、知ってほしいと思います。

また、感動によって心を磨くためには、心のアンテナを研ぎすませておかなければなりません。アンテナは感動することで震え、その感度を高めます。**いつも無感動で**

いると、いつか心のアンテナは感度レベルが下がり、使いものにならなくなってしまいます。

◎感じたことをどんどん言葉にしよう

誰でも一日のうちに人と話をする機会があるはずです。話をしているとき、気持ちを表に出しているでしょうか。相手は熱っぽく語っているのに、「あ、そう」「ふ〜ん」などと空返事《からへんじ》をしているだけということはありませんか？

それではアンテナは錆《さ》びつくばかりです。

感動は好奇心の源泉でもあります。感動のすばらしさを実感すれば、新たな感動を求めて好奇心があとからあとから溢れてきます。好奇心は行動のエネルギー。旺盛《おうせい》な好奇心を持って生きている人が、輝かないはずはありません。

「暗いニュースばかりのいまの時代、感動することなんてほとんど見当たらないよ」そんな反論があるかもしれません。しかし、身の周りには小さな感動の種はいくつも転がっています。

食卓に大好物が出たら、「今日はすごいね！」と率直に気持ちを言葉にすればいいのです。残業で仕事を仕上げたら、「よし、やったね！」と声に出せばいいのです。

対人関係ばかりではありません。自然とのふれあいのなかにも感動の種はふんだんにあります。

何でもいい。**ことあるごとに〝感じて〟〝言葉にする〟**。それが感動多き生活を送る極意です。心を揺さぶられ、それを言葉にして発することで、魂の奥に宿っている光がしだいに表にあらわれてきます。表情は輝きでいっぱいになります。

輝いている自分であるために、感動する心を取り戻しましょう。

そのためには、心の喜びを言葉にして、声に出すことです。

6 「苦労のタネをまかずにすむ」法

わずかな「魔」が、大事なものを失わせてしまう（秘密三昧耶仏戒儀）

「一日一善」という言葉があります。といっても、なかなかできることではありません。仏さまの子として生まれてきた以上、善行をなすのがその存在にかなった生き方です。しかし、いざ自分の一日を振り返ってみれば、善をおこなっているとは言いがたい、というのが実感でしょう。

わたしの弟子のなかにも、悪行三昧《あくぎょうざんまい》を尽くしてきたというものがいます。いっぱしのやくざを気取り、暴力で何度も人を傷つけてきたのもいるし、評判の不良で寺にきてからも、さんざん手を焼かせたもの、人をあやめて刑に服したというものもいるのです。

かつての彼らは、面倒くさい善行などやっていられない、悪行ほどやりやすいものはない、と考えていたのでしょう。しかし、寺で修行を重ねるうちに、じつは善行のほうがずっとおこないやすいのだ、という本質に気付いた。元やくざはきちんとした正業に就いていますし、元不良はいまもわたしのもとにいて、一人前の行者として寺を訪れる人々に道を説いています。前科をつくってしまったものも、地蔵本尊を彫ることに生きる喜びを見出しています。

「しかし、それは寺できびしい行をおこなったからこそだろう。一般の人には当てはまらないのじゃないか」

まだ、そう考えている人が多いのではないでしょうか。悪事、悪行に簡単に手を染めることはあっても、善行は一筋縄ではいかないと思いがちです。

しかし、かの福沢諭吉はその考えに真っ向から反論しています。『福翁百話《ふくおうひゃくわ》』のなかにある「善は易《やす》くして悪は難《かた》し」の一文です。

「人に物を与ふるは易くして奪ふは難し。まして況《いわ》んや人の家に忍びて盗むに於《お》いてをや。人を傷つけ殺すに於いてをや。誠に大儀至極にして、此上《このうえ》の骨折《ほねおり》苦労はある可《べか》らず」

人に物を与えるなどの善行をおこなうのは至極簡単だが、盗みや人を傷つけ殺すといった悪行をおこなうのは、きわめて難しく、そのこと以上の骨折り苦労はない、というのです。さらに諭吉翁はこうつづけます。

「一寸人《ちょつと》を欺《あざむ》き、一寸人を悩まし、一銭の金を横取りし、一枚の紙を私《わたくし》せんとするも、都《すべ》て苦労の種子ならざるはなし」

前述のような非道な悪はいうに及ばず、**些細《ささい》と思われるような悪も、すべて苦労の種になる**、と断じているのです。

この諭吉翁の言葉、じっくり噛みしめる必要がありそうです。

◎「ささやかな善」が生み出すもの

法を犯す悪事はともかく、考えてみると、人は小さな悪を積み重ねているといえなくもありません。これまで一度も嘘をついたことがない人はいないでしょうし、ふと口にした一言で他人を傷つけてしまった経験を持つ人も少なくないでしょう。

一方、善はどうでしょうか。積極的にボランティアに身を投じることや、寄付をすることだけが善ではありません。**ささやかな善はいつでもどこでもできるのです。**

電車のなかで高齢者に席をゆずる。エスカレーターでは片側に寄って急いでいる人のために通路を開ける……。そんなこともたやすくできるささやかな善です。

ささやかではあっても、善には感謝の言葉が返ってきたり、笑顔が向けられたりします。感謝や笑顔で心が癒されない人はいないでしょう。それが新たな善をおこなう原動力になることは、疑いようのないことです。

「図らずも犯してしまう悪」がはびこっている日常生活も、一歩踏み出すことで善に満ちたものに変わります。いま一度、「善は易くして悪は難し」という福沢諭吉翁の言葉を噛みしめてください。

しかし、これまで善を積んできても、邪見《じやけん》を起こすと、要するに「魔」につけこまれるとたちまち大切なものを失ってしまいます。お大師さまはそれを「邪見を発起《ほつき》すべからず、善根を断ずるがゆえに」といいます。

「つい出来心で」という言い訳はいけません。魔を寄せ付けない強さと、些細なことでもいいですから善をおこなう習慣を持ちましょう。

7 笑顔だって「お布施」になる

まず、人のためを思って動くのが菩薩の心（秘蔵宝鑰）

お大師さまが小さな悩みから抜け出し、深い教えに入り込めたのは、自分の利益に生きる「自利」ではなく、他人のために尽くす「利他」を実践したからです。

お大師さまは、

「菩薩の用心は、みな慈悲をもって本《もとい》とし、利他をもって先とす」

といいます。菩薩は他のものの幸せ（利益）を優先します。わたしたちも菩薩の慈悲と利他の心という「とらわれのない生き方」をすれば幸せになれるという意味です。

「とらわれのない生き方」を実践するために、「布施《ふせ》」があります。

「布施」という言葉は知っていると思います。慈悲の心を持って、他人のために施すことですが、仏教では修めるべき六つの徳目、「六波羅蜜《ろくはらみつ》」の一番目にあげられています。

施しなど、財力に余裕がなければできない、と思うかもしれません。景気回復が喧伝《けんでん》されても、生活が楽になる実感がまるで持てない現状では、ほとんどの人が布施など無縁のものと考えているのでしょう。しかし、財力がなくてもできる布施は七つもあるのです。あげてみましょう。

①眼施《がんせ》……やさしいまなざし
②和顔施《わげんせ》……なごやか、にこやかな笑顔
③言辞施《ごんじせ》（愛語施）……親切な言葉
④身施《しんせ》……相手に対する敬いが溢れる礼儀
⑤心施《しんせ》……心からの思いやり
⑥床座施《しょうざせ》……ゆずりあい
⑦房舎施《ぼうしゃせ》……気持ちを込めた接遇（もてなし）

これらを一気にやるのは難しいでしょう。しかし、七つの布施のうちひとつに挑戦してみるということならどうでしょう。

たとえば、にこやかな笑顔、微笑みを心がけることは、誰にとってもそれほど難しいことではないはずです。微笑みが持っている力は、想像以上に大きいのです。

◎「微笑み」は沈黙の言霊

日本人の微笑みの意味に鋭く言及したのは、『怪談』などの作品で知られる作家・小泉八雲《やくも》（ラフカディオ・ハーン）でした。少し長くなりますが、『日本人の微笑』の一節を引用してみましょう。

「日本人は死に直面しても微笑することができる。そして事実微笑する。そしてそのとき微笑するのも、それ以外のときに微笑するのも、理由は同じなのである。その微笑には挑戦もなければ偽善もない。また、その微笑を、われわれ西洋人がとかく性格の弱さと結びつけがちな、陰気な諦めの微笑と混同すべきではない。日本人の微笑は長い歳月をかけて丹念につくりあげられた礼儀作法の一つなのである」

八雲は微笑みを礼節の象徴とし、また、沈黙の言語ともとらえています。微笑みがときに、巧みな言葉の連なりより雄弁であることは、誰もが体験的に知っているのではないでしょうか。

気持ちをふさぎ込ませることがあって、ひどく落ち込んでいるとき、どんな慰めの言葉も、励ましの言葉も、受け入れられないことがあります。ありきたりの言葉に包まれて、惨めさだけが増すという経験をしたことがある人もいるでしょう。

しかし、微笑みはやわらかい光にも似て、やさしさだけで心を包み込みます。心のわだかまりをほぐし、精気を吹き込むのです。**ひとつ微笑んでみることが、相手の幸せにつながる**のです。

そして、微笑んでいる人も明るい光で包みます。薄っぺらな同情やかけ引き、思惑、打算があったのでは、真の微笑みをたたえることはできません。

誰かに微笑みを向けられるということは、心に他意が微塵《みじん》もないことを証明しています。その意味では、微笑みは自分の心を清浄にする力を持った「沈黙の言霊」でもあるのです。

8 「夢に向かって一歩踏み出す」言葉

いまの多くの僧侶や尼僧《にそう》は、
仏法を真剣に求めようとしない（秘蔵宝鑰）

本来の目的や使命を忘れ、形だけの行動に終わっている人がいます。

お大師さまは「いまの多くの僧侶や尼僧は、形だけは頭を剃《そ》り、袈裟《けさ》を着ているが、欲望をおさえることもせず、仏法を真剣に求めようとしない」と諌《いさ》めています。

本来なら僧侶は悩み苦しむ人々を救うのが使命なのに、自身の栄達ばかり願う人間もいます。

そんな姿を目の当《ま》たりにしたお大師さまは、僧侶になるための資格試験の合格のために机の前で勉強することに疑問を抱いたのでしょう。そして、人跡未踏《じんせきみとう》ともいえる山野に分け入って、長い間、きびしい修行をみずからに課したわけです。

冒頭に挙げたお大師さまの諫めは、僧侶に対する痛烈な批判でしたが、わたしは最近これと対照的な言葉を耳にしました。「夢を追っていく生き方がしたい」――これは日本人女性ではじめて宇宙を飛んだ向井千秋さんの言葉です。

人間の〝使命〟は、現代人においては〝夢〟といい換えることができます。夢を持つことは大事なことです。人間は生まれてきたら死ぬまでに**常に前向きで生きられるか、勇気を持って進めるかが、いい人生かそうでないかを分かつ**のだと思いますが、夢はそこで大きな位置を占めています。

常に夢を持っている人は実年齢や肉体の衰えなどとは関係なく、若々しい心でいられます。わたし自身もここまでの人生で、夢ばかり追いつづけてきました。

郷里の鹿児島で托鉢僧になったときも、「鹿児島に本山を建てる」という夢を原動力に日々を生きていました。最初に「総本山波切不《なみきりふ》動《どう》」の看板を掲げたのは、西鹿児島の線路沿いにあった二間の部屋と台所、便所だけの粗末な家。看板を目にした通行人からは「これが総本山？　いったい何の？」と嘲笑の声が聞こえるほどでした。

しかし、わたしは少しもめげることはありませんでした。

「いつか、全国からお参りの人がこの鹿児島にやってくるようにするぞ」

とかえって夢を膨らませていたのです。**夢に向かって命を燃やし、想念を燃やしつづければ、かなわないわけはない。**そんな信念がありました。「拝めば寺はできる」という母の言葉も大きな支えとなりました。

鹿児島市内に「波切不動最福寺」ができたのは三十歳のときでした。住居を兼ねた小さな寺でしたが、現在の最福寺の礎《いしずえ》ともいうべきものでした。

◎夢を追いつづける生き方

そして、昭和四十八年四月、錦江湾《きんこうわん》（鹿児島湾）と桜島を望む景勝の地に烏帽子《えぼし》山最福寺が完成し、わたしは法主の座につきました。本尊として立派な不動明王像もできました。

その間、わたしは八千枚護摩行をこなし、毎日の行を欠かさずつづけてきました。「一所懸命、朝から晩まで拝んでおれば何でも可能になる」という母の教えは〝絶対〟でした。

わたしの夢はさらに膨らみ、「関東で池口恵観の護摩行をお見せしたい」という新たなものが加わりました。神奈川県江ノ島の高台に最福寺の別院、江ノ島大師ができたことで、それもかなったのです。

この別院については、母は早くからその実現を見抜いていました。

「おまえのために立派な行場《ぎょうば》を用意してある。そこは、こんもりとした山の頂《いただき》で、こんこんとわいて尽きない泉が敷地内にある。前はパーッと、はるか彼方《かなた》まで開けた場所だよ。その行場にたどり着くために一所懸命に励まなければならない。恵まれない人、苦しんでいる人の気持ちを大事にして、本物の光を出す人間になれ」

母はそう繰り返しわたしにいっていたのです。はじめてこの言葉を聞いたのは中学生のときでした。江ノ島の別院は、母が語っていたイメージと寸分違《たが》わない行場として完成しました。

いまもわたしは夢を追いつづけています。毎日が夢に向かって進む一刻一刻ですから、怠けるわけにはいきません。自分の駒に鞭《むち》打って走りつづけるだけです。それが、わたしにとっての使命だと考えています。

夢に誘《いざな》われた毎日は、充実した、じつに楽しい人生をつくるのです。

9 執着から離れるコツ

仏教の最高の智慧とは、決断し、選び取ること（即身成仏義）

お釈迦さまは「極端に走ること」を戒めています。

修行の旅に出たお釈迦さまは苦行に苦行を重ね、みずからを極限まで苦しめますが、そこに悟りがないことを直感します。疲労困憊《こんぱい》状態にあったお釈迦さまに少女が一椀のミルク粥《がゆ》をさし出します。その粥を味わい精気を取り戻したお釈迦さまは、菩提樹《ぼだいじゅ》の下で瞑想《めいそう》し、悟りを開かれたのです。その体験から説かれたのが、極端に傾くことを戒める「中道《ちゅうどう》」の教えでした。

お大師さまも「一切智智とは、智とは決断簡択《かんちゃく》の義なり」といいました。大日如来の「智」とは、決断し選び取ることをいいます。そのためには、枝葉に執着しないことです。物事の根本を知っていること。仏教ではそれを「中道」といいます。「中道」とは、「右でもなく左でもなく真ん中」という意味ではありません。一切の執着から離れて、ものごとをありのままに見るということです。

「どうも気持ちが前向きにならない。心身ともに疲れてきているのかな？」

消耗した自分を感じた経験は、誰にでもあるはずです。人間の感覚は日常生活を送るなかで、疲弊してきます。

「六根清浄《ろっこんしょうじょう》」という言葉があります。古代から信仰心に篤かった日本人は、山を神の宿る場所として崇《あが》め、信仰の対象としてきました。そうした霊山を登るときに口にしたのが「六根清浄」のかけ声です。

六根とは、人間の持っている六つの感覚の源を意味しています。聖なる山に登りながら、六根を清くして、新たな生命の力を吸収しようという願いが、「六根清浄」の言葉に込められています。

仏教では眼《げん》根、耳《に》根、鼻《び》根、舌《ぜっ》根、身《しん》根、意《い》根を六根とします。現代訳すれば、視覚、聴覚、嗅覚、味覚、触覚、そして意識のことです。視覚はものの色やかたちをとらえ、また、人間を見きわめるときにも重要な役割を果たします。聴覚は自然の音から言葉まで、あらゆる音を聞き分けます。以下、嗅覚でにおいを感じ、味覚で味わい、触覚で感触をたしかめます。

生きているということは、これらの六根を自在に働かせているということです。そして、意識によって喜怒哀楽の感情を抱いたり善悪の判断をおこなったりします。

しかし、根が汚れてくると感覚も鈍り、認識や判断も狂ってきます。心身ともに疲れた、と感じるのはそんなときです。

お大師さまは森羅万象《しんらばんしょう》の「いのち」を体感してほしい、と次の言葉を書いています。

「五大にみな響きあり。六塵《ろくじん》ことごとく文字なり。色塵の字義差別に、顕形表等《けんぎょうひょうとう》の色あり」（声字実相義《しょうじじつそうぎ》）

五大（地・水・火・風・空）の現象にはすべて声の響きがあります。六塵とは、見えるもの（色）、聞こえるもの（声）、嗅げるもの（香）、味わえるもの（味）そして触れられるもの（触）、考えられるもの（法）、はすべて真理を語る文字であり、言葉です。これらが人の心を汚すので、塵とされました。

つまり、感覚を常にきれいに保っていないと、六塵は人間にとって塵となるのです。

◎消耗したとき唱える言葉

先人たちは霊山に踏み入り、「六根清浄」の言葉を発しながら、根の汚れを祓《はら》い、心身に新たな生命のエネルギーを取り入れました。「六根清浄」の言葉を繰り返しながら、山を登っていると、呼吸の乱れがないのです。言葉のリズムが心身の調和を整えてくれるからだ、と思います。都会で暮らす人には実感しにくいかもしれませんが、五感を使って、耳をすまし、目をこらしてみましょう。

「六根清浄」に限らず、真言密教の言葉の持つリズムも、心身に大きく影響します。

ノーマクサンマンダー　バーザラダンセンダー
マーカロシャーダー　ソワタヤウンタラター　カンマン

汚れを祓うには、リズムのよい言葉を腹に力を込めて唱える。仏教と関係なくても、明るい言葉なら、六根の汚れをとり、生命力を注ぎ込んでくれます。

六根を磨き、心身を調和させておく。これも中道の教えに倣《なら》うことなのです。

4章

「強い自分になる」言葉

——「負け」は「勝ちの途中」です

1 「欲を持つ自分」「大欲を持つ自分」

欲が世間をととのえて、よく浄《きよ》らかになす（理趣経《りしゅきょう》）

人生を誤らせ、人間関係に亀裂を生じさせる元凶として「欲」がしばしば非難の標的にされます。

しかし、欲は人の心に悪《あ》しき作用を及ぼすばかりなのでしょうか。「欲しい」「したい」という思いを捨て去り、何も求めることなく諦めて生きることが、本当の幸福、いい人生につながるでしょうか。

そうではないと、わたしは思います。もっと知識が欲しいという思いが学びの源泉になり、もっと自分を高めたいという意志が立ちはだかる困難を乗り越えて、なお前に進んでいく原動力にもなります。

欲には人を高みへと引き上げる力も潜んでいるのです。捨てることはありません。

お大師さまはこう教えています。

「欲が世間をととのえて、よく浄らかになすゆえに……（中略）大なる欲は清浄《しょうじょう》なり、大なる楽に富みさかう」

欲はこの世界を調和させ、清らかにし、大欲が人を豊かにします。だから、大欲を持ちなさい、とお大師さまはいいます。

もちろん、大欲とは深い欲、貪る欲とは違います。おおいなる欲、自分のためだけでなく、同時に他人のためでもある欲のことです。

富でも名声でも、知識でも技術でも、それを手に入れたい、集めたいという思いが、大欲に根ざしたものなら、どんどん手に入れればいい、集めればいい。わたしは常々、皆さんにそう伝えています。

富を得て、豪邸を建て贅沢三昧の暮らしをして、あとはその幸せを抱え込んでしまうというのは、自分のためだけの欲です。しかし、その富を何か世のなかのためになること、人々が幸せになることに使えば、それは大欲になるのです。

言葉を換えていえば、大欲は目的を見据えたものだといえるでしょう。ただ、富を築くことだけにあくせくするのではなく、

「家族を幸せにするために、ひいては地域に少しは貢献できるように、富を築こう」とはっきりした目的を持って、富を得るために懸命の努力をする。

貪る欲（我欲）と大欲の違いは明らかです。前者が自分の利益だけにとらわれているのに対して、後者は社会の利益に重なっているからです。そうした大欲を持つことに、躊躇《ためら》いを感じる必要などありません。

知識や技術など目に見えないものにしても、それをどう広く活かすかを想定して身につけたり、集めたりするのは大欲です。その知識を少しでも人々が癒《いや》されることに使おう、技術を活用して人々が負担に感じていることを少しでも軽減しよう、ということであれば、知識や技術は生き、自分自身も生かされるのです。

◎「現在のままでいい」という考え方

では、〝我欲〟ではなく、大欲を持ちつづけるために必要なものとは何でしょう。

生きとし生けるものに対し、やわらかでやさしいまなざしを向けつづけた良寛《りょうかん》禅師にこんな句があります。

焚くほどは風がもてくる落葉かな

煮炊きをするのに必要な落葉くらいは、なにも集めずとも風が運んできてくれる。それで生きるには充分だ、というわけです。この良寛禅師の心のありようが、仏教でいう「知足《ちそく》」の境地です。

欲望を膨らませ、飽くことなく求めつづけ、満足することを知らなければ、安らぎの人生など望むべくもありません。足るを知ることで、心安らかになり、また、ゆとりを持って生きる道が開けるのです。

現在のままで満ち足りている、充分だと感じていれば、手に入れたものを分け与えることも、施すことも自然にできます。さらに、どのように分け与えるべきか、どう施したらいいのか、という智慧も生まれてくるのです。

知足の境地から、大欲を抱く。そこに真の充実があります。

2 煩悩は無理に捨てない

「欲の矢」は、あらゆるものを
救いたいという情熱も含む（理趣経）

一年が過ぎゆき、新たな年を迎えようとする大晦日《おおみそか》には、各地の寺で除夜《じょや》の鐘が響きます。その数は百八。人間が生まれながらに抱いているとされる煩悩の数です。旧年に百七、年が明けて一つ撞《つ》かれる百八の鐘には、その煩悩を消し去って、清新な心で来るべき年を迎えたいという、願いが込められています。

前にも少し触れましたが、いかんともしがたいのが、煩悩というものです。財や地位、権力や名誉がほしいという欲望、社会や他人に向ける怒り、物にこだわる執着などの煩悩は、人間に拭いがたく纏わりついています。

もし、煩悩を捨て去ることができれば、悩みや苦しみから解き放たれ、安らかで穏やかな人生が約束されそうなものです。お釈迦さまも次のように教えています。

「煩悩を捨てれば、人は悟りを得られる」

ただし、これはもっと広くとらえるべきで、できるだけ煩悩に振り回されないような生き方をしなさい、という教えだとわたしは思います。

真言密教では煩悩を否定してはいません。「煩悩即菩提《ぼんのうそくぼだい》」として、煩悩も悟りである、と教えています。また、『理趣経』のなかには、

「欲箭《よくせん》も静浄《しょうじょう》なれば、衆生《しゅじょう》を救う菩提《ぼだい》の位と同じなり」

という文言があります。欲箭とは、欲情の矢、つまり性欲のことですが、あらゆるものを救いたいという情熱の意味も含んでいます。つまり、この言葉の意味するところは、煩悩も清らかなもので、衆生を救済する菩薩の位と同じだ、ということです。

わたしは、**煩悩は消そうとするのではなく、生かすことを考えるべき**だ、と思っています。たとえていえば、煩悩とは柿の渋のようなものです。渋のある柿はそのままでは口にすることができません。しかし、吊るして干しあげると、なんとも美味な甘さの干し柿になる。

干し柿のうまさは渋によるところが大きいのです。渋を上手に活かしてこそ、上等

な干し柿ができるということでしょう。

もちろん、使い方を間違えれば、人生を誤らせる危険なものにもなるのですが、煩悩も渋と同じように、うまく活かせば、生きる糧にもなり、人生に彩りを添えるものになるのです。

◎「いい煩悩」を集めよう

真言密教では仏門に入る際、『五大願《ごだいがん》』という五つの誓いを立てます。その二番目に「福智無辺誓願集《ふくちむへんせいがんしゅう》」があります。その意味は、煩悩を断ち切ることは無理であるから、積極的に煩悩を認めてこれを集めましょう、というものです。

煩悩にあたるのが「福智」ですが、福は物質的な恵み、食べものや着るものがこれにあたります。また、智は精神的な恵みのこと。思いやりややさしさなどの情感です。

肝心なことは、それらを集めたのちどうするか、ということです。

集めたものはそれを必要としている人に、惜しみなく与える。それが密教の教えです。**他人に与えることを忘れなければ、煩悩をどれほど集めてもかまわない**のです。

そこに、喜びを分かち合う共生の姿があります。

一方、煩悩を集めに集めながら、与えることをしなかったらどうなるのでしょう。お釈迦さまは煩悩の一つである欲望について、こんな表現をしています。

「人間の欲望は、たとえ、ヒマラヤの山を黄金に変えたところで、満たされることはない」

ヒマラヤの山ほどの黄金とは、無尽蔵《むじんぞう》な黄金ということの比喩ですが、どれほど多くのものを手に入れても、さらに、またさらに求めずにはいられなくなって、決して満たされることがないのが、欲望なのです。煩悩を集めるばかりでは、次々に新たな煩悩を生むことにしかなりません。

人生を翻弄《ほんろう》してしまうのも煩悩ですが、よりよい人生のために活かすことができるのも煩悩です。

集めたものを「放《はな》てる（他人に与えられる）」かどうかが、カギを握っています。

3 「運の悪い人」は「運に背中を向ける人」

ものごとの原因と結果というものは、こだまが呼べば返ってくるようなもので、ある時間を置いて感応する（性霊集）

人生は多分に「運」に左右されるとする考え方があります。仕事で業績を上げれば、「運が味方をしてくれた」といった表現がされますし、飛ぶ鳥を落とす勢いで出世街道を驀進《ばくしん》している人は「勝ち運に乗っている」などとも形容されます。

たしかに、能力や実力だけが成功と失敗を分かつものではないでしょう。誰もが認める高い能力を持ちながら、それが結果としてあらわれない人がいる一方、さして能力的には高いと思われないのに、次から次に好結果がついて回るという人もいます。そんな〝不条理〟を説明するのに使われるのが運のよし悪しということになるのかもしれません。

実際、自分の能力や努力ではいかんともしがたいものに対して、運を持ち出せば納得しやすいという面はあるでしょう。

「自分は運に見放されている。いまさらあがいても、どうにもならない」

そう決めつけて、人生を諦めてしまう。しかし、ある人には運が積極的に味方し、別の人には見向きもしない、ということが本当にあるのでしょうか。人生は運に翻弄されるものなのでしょうか。

◎運に向かう人、背を向ける人

一本の酒瓶があり、なかには半分のお酒が入っています。まだ半分あるという考え方と、もう半分しかないという考え方、あなたはどちらでしょう。

この発想の違いは、運ということに大きくかかわっています。前者の明るく前向きな発想ができる人は、きびしい状況に立たされても、可能性を信じて積極的な取り組みをします。失敗は失敗としていち早く気持ちを切り替え、むしろ、それを糧にして状況を切り抜けるための努力をつづけるのです。

口から出る言葉も「頑張るぞ」「必ずいいことがある」といったくじけない意志を感じさせるものばかりです。体も心も言葉もぶれがなく、一点に集中している生き方といっていいでしょう。

かすかな水滴も一点に集中すれば岩をも貫きます。集中するからこそ、状況を変えることができます。これが「運がいい」「運に恵まれた」ということです。幸運がどこからかやってきたのではなく、自分が運の方向に道を開き、近づいて行ったのです。

否定的で後ろ向きな発想しかしない人は、まったく逆の人生を送るしかありません。過酷な状況にいることをくよくよ悩み、その場に縮こまって「運の悪さ」を嘆くのです。これではどこにも光明《こうみょう》が見出せるわけがない。運にみずから背を向けてしまっているからです。

自分で運に向かっている人は、周囲に対して気配りができ、他人のために何かをすることを厭《いと》いません。だから、周囲から気配りを返してもらうこともできますし、力を貸してもらうこともできるのです。

仏教には「善因善果《ぜんいんぜんか》」という言葉があります。善きことを積み重ねていると、必ず、自分にとって善い結果が得られる、ということです。逆に悪行にどっぷりとひたっていれば、悪い結果しかもたらされません。「悪因悪果《あくいんあっか》」です。

『性霊集』にも、

「物事の原因と結果というものは、こだまが呼べば返ってくるようなもので、ある時間を置いて感応するものである」

とあります。いい結果も悪い結果も、運によるものではなく、自分の行動にその原因があるのです。

この教えにしたがえば、みずから運のほうを向いて生きることは、善因善果を実践していることだ、といえると思います。**幸運は結果ではなく、必然的に舞い込んでくるのです。**

運に翻弄される人生などありません。運は誰に対しても等しく存在しています。要はそれに真っすぐに向き合うか、背を向けるかだけです。選択はすべて自分に託されているのです。

4 ついていい「嘘」もある

方便《ほうべん》の門を開いて真実の相を示す（法華経《ほけきょう》）

仏教には「十戒《じっかい》」といって、言動に関する十の戒めがあります。不殺生《ふせっしょう》戒、不偸盗《ふちゅうとう》戒、不邪淫《ふじゃいん》戒、不妄語《ふもうご》戒、不綺語《ふきご》戒、不悪口《ふあくく》戒、不両舌《ふりょうぜつ》戒、不貪欲《ふとんよく》戒、不瞋恚《ふしんに》戒、不《ふ》邪見《じゃけん》戒、がそれです。

順に、殺してはいけない、盗んではいけない、よこしまな気持ちで男女の交わりをしてはいけない、嘘をいってはいけない、きれいごとをいってはいけない、悪口をいってはいけない、二枚舌を使ってはいけない、欲張ってはいけない、怒ってはいけない、偏見を持ってはいけない、ということです。

お大師さまは二十歳のとき、和泉《いずみ》の国（大阪府）の槇尾山寺《まきのおさんじ》で、師である勤操大徳《ごんぞうだいとく》から十戒を受け、沙弥《しゃみ》となられました。沙弥とは十戒を受けて、これをよく保つ見習いの僧という意味です。当時は、僧侶になるには所定の試験があったわけです。

この十戒は、現在の人間にも、当然、求められますが、なかなか守るのは難しい。日常生活を顧《かえり》みれば、〝破戒〟（戒律を破ること）を重ねているばかり、ということになるのかもしれません。しかし、十戒を心にとめておくのと、知らずにいるのとでは違います。言動の規範はやはり心に刻んでおいたほうがいい。

このうち不妄語戒は、嘘をつくことへの戒めです。お大師さまは『声字実相義』の中で、「妄語（嘘つき）は、長い夜、つまり地獄の中で苦しみ続ける」といっています。

◎「嘘も方便」と考える

一方に「嘘も方便」という言葉があります。方便というのは、一般的には間に合わせ、手立てなどの意味に使われますが、仏教用語としては「仏が衆生を教え導くための巧みな手段」をさします。方便の「方」はその場にもっとも適した考え方、「便」はそれを用いて事を処理することを意味します。お釈迦さまの言葉に、

「方便の門を開いて真実の相を示す」

とありますが、これは方便を用いて、すべて満足する結果になるように運べ、という意味です。

方便について、鬼子母神《きしぼじん》に関する次のような逸話があります。

安産や子育ての神として知られる鬼子母神ですが、もともとはとんでもない悪行を重ねていました。みずからは千人（万人の説もある）もの子どもを持ちながら、他人の子どもを連れ去り、食べていたのです。

子どもを奪われた母親は嘆き悲しみ、お釈迦さまに鬼子母神の悪行を告げます。お釈迦さまは一計を案じ、鬼子母神がもっとも可愛がっている末の子を神通力で隠されたのです。

わが子の姿が見えなくなって、鬼子母神は気も狂わんばかりに子どもを探し求め、ついにはお釈迦さまのもとを訪れます。お釈迦さまは鬼子母神をこう諭しました。

「千人の子があっても、一人いなくなれば、嘆き悲しみはそれほど深いのである。ましてや、数少ない子どものうち一人でも奪われたら、母親の嘆き悲しみがどれほどのものか、いまはわかるであろう」

お釈迦さまから子どもを返された鬼子母神は、改心し、安産や子育てを司《つかさど》る神となったのです。鬼子母神を善導《ぜんどう》するために、お釈迦さまは子どもをわざと隠すという方便を使われました。正攻法ではありませんが、鬼子母神にみずからがおこなったことの意味を気付かせ、改心させるためにそれがもっとも有効なら、使ってもかまわない、とお釈迦さまは教えておられるのです。

もちろん、自分の利益のためにつく嘘、自分を飾るためにつく嘘などは論外ですし、嘘をつかないですむなら、それに越したことはありません。しかし、自分のためでなく、ひたすら相手を思ったとき、嘘をつくことがいちばんいい、という状況もあるかもしれません。そこでなら、嘘も許されるのではないでしょうか。

一概にはいえませんが、ガン告知などもそんな状況のひとつではないでしょうか。自分がガンとわかったときの受け止め方は千差万別です。不屈の闘争心を燃やし、前向きに治療に取りくむ人もいれば、気力がすっかり萎えてしまう人もいます。

本人の幸福な人生に役に立つなら、「嘘も方便」の領域にあり、許されてしかるべきです。

5 「忘れる」という妙薬

心暗きとき、すなわち遇うところ悉《ことごと》く禍《か》なり（性霊集）

考えてみれば、人生は失敗と成功、挫折と奮起の繰り返しかもしれません。

「俺の人生はツイている」と感じている人も、失敗や挫折が一度もないということはあり得ません。また、「運にはまったく見放されている」と嘆く人も、これまで成功や奮起のきっかけが一度もなかったはずはないのです。

挫折からどう奮起するか、失敗をいかに成功につなげるかで、人生には大きな違いが生じます。

挫折も失敗も、その場でどんどん忘れるほうがいいのです。

わたしもかつて、会葬者の前で大失態を演じてしまったことがあります。葬式を取りしきる僧侶の役割は、読経《どきょう》と引導《いんどう》作法です。その葬式でわたしは『理趣経』というお経をあげました。手抜かりはありません。一時間を超える読経の間、部屋のあちこちからすすり泣く声が聞こえていました。

引導作法とは、導師が棺の前に立っておこなう法話のことですが、はじめて導師をつとめたこともあり、わたしはこの儀式をすっかり忘れていたのです。読経も終わりに近づき、そのことに思い至って、わたしは棺の前にいくために立ち上がろうとしました。

ところが、突然、よろめいて体が傾いたまま、あろうことか棺めがけて突進してしまったのです。手にしていた浄めの水も棺にぶちまけてしまったのだから、導師としては考えられない失態です。

しかし、まだ失態劇は終わったわけではありませんでした。なんとか棺を支えに立ち上がろうとしたわたしでしたが、足が痺《しび》れて立ち上がることができず、まるで棺に取りついて泣いているような姿を会葬者全員にさらすことになったのです。

遺族が棺にすがって泣く光景はよく見られますが、導師のそんな姿はまず、見られるものではありません。こらえ切れない忍び笑いがあちらこちらから上がったのも無理のないことでした。

はじめて導師をつとめた葬式でのこの大失態。挫折感、屈辱感にまみれ、葬式恐怖症になったとしても不思議ではない事態ですが、わたしが思い悩むことはありませんでした。

「すんでしまったことは仕方がない！　忘れてしまうのがいちばんの妙薬だ」と割りきって考えたのです。

その後は棺に取りすがった過去とはきっぱり別れ、つつがなく葬式をこなしました。もし、いつまでも失敗を引きずっていたら、また同じ失敗を繰り返していたのかもしれません。

◎失敗は忘れ、新たに挑む

お大師さまはこう教えています。

「心暗きとき、すなわち遇うところ悉く禍なり」

心が暗いときは、災難も多く起こる、という意味です。

またその解決策として、「迷うも悟るもすべて、わが心のなせること。光を求める心が起きれば、闇を抜け出すことができる」（般若心経秘鍵）と答えてくれます。

光を求める心とは、すなわち明るい心です。挫折をしたっていいではないですか。**何度も失敗するのが〝生きている〟ということです。**なにもそれらを取り繕う必要はない。挫折したところから仕切り直せばいい、失敗したそこで、また挑めばいいのです。

恋愛で挫折したら、あれこれフラれた理由を探したり、分析したりせず、「もっとやさしさを素直に言葉にできる自分になろう。相手のよいところをちゃんと評価できる自分でいよう」

など、何でもいいから、前向きな自分をつくっていくのです。心で思っているだけではダメです。まず、実践ありきが、お大師さまの教えです。

世のなかに這《は》い上がれない挫折も、取り返しのつかない失敗も、断じてありません。

挫折や失敗にからめとられるのも、ただただ〝わが心のなせること〟なのです。失敗はどんどん忘れ、新たに挑むことです。

6 相手の気持ちに「なりきる」

人を見るときはその人の心で（性霊集）

「なぜ、それほどまでに苦しい護摩行をするのですか？」

これまで数え切れないほど、そんな質問を受けてきました。実際、わたしの寺でおこなう護摩行を目にした人は、そのきびしさ、激しさに度肝を抜かれるようです。

三メートルの高さにも燃え上がる炎に向き合い、二時間ほど真言を唱えつづける。吹き出す汗は法衣《ほうえ》から滴《したた》り、床に汗溜まりをつくる。顔や手には火の粉が降りかかります。毎日、その護摩行がつづくのです。

苦しい護摩行をおこなうのは「同悲・同苦」の心になりきるためです。

同悲とは他人と同じ悲しみ、同苦は他人と同じ苦しみですが、それを自分自身で感じる心を持つことです。

他人の悲しみに同情を寄せたり、苦しみを察したりすることはできても、感じることまではなかなかできない。感じるとは、その人と同体になることだからです。

お大師さまは「自身他身一如《いちによ》と与《とも》に平等なり」といいます。

この言葉は、**人を見るときはその人の心で、動物を見るときは動物の心で見る**、一如とはそのような心のあり方をいいます。お大師さまはそのあり方を「不二《ふに》」といいました。

◎悪い境遇を悲観しない

護摩行に限らず、ふだんの生活のなかでも「同悲・同苦」の心を養うことはできます。わたしが心を打たれた、こんな話があります。

新聞の投書欄に、貧しさのために修学旅行に参加できない生徒の話が掲載されたことがありました。その数日後、生徒の家に一通の手紙が送られてきたのです。

「貧しさに負けないで、楽しい修学旅行をしてください」という文面に、五万円が添えられていました。差出人の名前はどこにも書かれていません。

受け取った生徒の家庭では、見ず知らずの人から送られてきたお金を使うわけにはいかない、と警察に届けたため、新聞社が差出人を探すことになったのです。手紙の送り主は工場で働く二十歳の女性でした。

九州の炭鉱町で生まれた彼女の家庭は貧しく、修学旅行に行く費用を捻出することができなかったのです。投書欄を目にした彼女は、自分自身の体験に照らして、生徒の悲しみを感じられたのでしょう。

「同悲」の心がそこにあったのです。

おそらくは高くはない給料での質素な生活のなかで蓄えた五万円だったでしょう。しかし、彼女は送らずにはいられなかった。

「ああ、この女性は自分が置かれた境遇を恨むことがなかったのだな。悲観せずに前向きの心で生きてきたのだな。あるがままを受け入れる、心のやわらかさを持っていたのだな」と、わたしはそんな感想を持ちました。

護摩行に打ち込まずとも「同悲・同苦」の心を養うことはできるのです。ふだんの生活で、どのような心持ちで生きるかが重要なのです。

◆悲しみと苦しみを“共感できる”人◆

7 「蓮華」の生き方、「柳」の生き方

たとい諸欲に住《じゅう》すとも、
泥中の蓮華を見れば心洗われる（法華経開題）

人は清らかに生きたい、という思いを持っているものです。

しかし、日々を生きているうちには小さな欲にとらわれたり、嫉妬の海に投げ込まれたり、怒りの火に焼かれたりします。そんな自分を感じると、

「まだまだなっちゃいないな。こんなことじゃいい人生なんか送れそうもない」

といった思いを持つかもしれません。しかし、生命はもともと渾沌《こんとん》のなかから生まれているのです。いってみれば、どろどろした塵芥《じんかい》（ごみ）が生命を生み出している。そして、**塵芥は生命を育てていく不可欠の養分でもある**のです。

仏教と縁が深いのが蓮《はす》の花です。仏教が生まれた古代インドでは神聖な花とされ、

浄土や涅槃《ねはん》（悟りの境地）の象徴ともされています。

蓮の花は泥のなかで美しい花を咲かせます。泥のなかで栄養を吸収しながら、水上に見事な花びらを開くのです。お釈迦さまはその蓮の花を示しながら弟子たちに、「泥だらけの池のなかで、蓮の花が汚れのない清らかな花を咲かすように、人間も塵芥にまみれようと、清廉《せいれん》に生きることができるのだ」と教えています。

◎しなやかに堪える力をつける

お大師さまにもこんな言葉があります。

「たとい諸欲に住すとも、猶《なお》し蓮華《れんげ》の客塵《きゃくじん》（煩悩）の垢《あか》に染せられざるがごとし」

欲とまったく離れて生きることができない人間なのだから、たとえ、さまざまな欲のなかで暮らしていても、塵芥のなかに浮かんでいながら、なお、美しい花を咲かせる蓮華のように、清らかな生き方はできるのだ、という意味です。

蓮華の花は、わたしたちに人生を教えてくれてもいるようです。

欲にとらわれることがあっても、嫉妬に身を焦がすことがあっても、怒りをおさえきれないことがあっても、いいではありませんか。蓮の花は泥のなかに浸かっている自分を静かに受け入れています。

「まだまだ人間ができていない」などと思い詰めることはありません。そのときどきの自分を、ただ、そのままに受け入れればいいのです。そして、欲や嫉妬や怒りを、成長の糧にすればよいのです。

怒りを感じた相手を責めるのではなく、まず、自分の怒りを鎮めることを考えましょう。落ち着いた気持ちになると、怒りの真の原因が見えてくるものです。

たとえば、自分に「あの人ならきっとこうしてくれるだろう」という、勝手な思い込みや期待感があると、それがかなわなかったとき、怒りが込み上げてきます。

しかし、相手は自分の信念や思いにしたがって発言し、ふるまったに過ぎないのです。怒りを向けるべきことではありません。それならば、

「あの人はそんなふうに行動する人なのか」

「彼はそういう考え方をする人なんだな」

と受け止めればいいではありませんか。それは相手をより深く知ることにつながっていきます。そこから、人を見る目が磨かれ、人の心を理解する力が豊かになります。

欲や嫉妬や怒りを、まず自分で引き受けるのは、忍耐がいることには違いないでしょう。しかし、耐えることによって道は開かれるのです。

仏教では悟りに至るためにおこなう修行として、六波羅蜜《ろくはらみつ》を定めています。そのひとつが忍辱《にんにく》の修行、つまり、何事にも耐え忍ぶ修行なのです。

耐える力を養っていないと、欲や嫉妬や怒りがわだかまって、心の動き、流れがどこおってしまいます。その結果、いつまでもそれらに振り回されてしまうのです。

強く、しなやかに耐える。たとえば、柳の木のように生きてみるのです。

大雪がどっかり積もっても、風が吹いても折れることのない柳。湿潤を好み、強靭《きようじん》で、しかもよく張った根を持っていて、倒されて埋没しても、再び発芽してきます。たくましい生命力を持っています。

お大師さまが入唐した時代には、長安を旅立つときに柳の枝を折って旅立つ人に手渡したという習慣があったそうです。

しなやかに耐えてこそ、塵芥のなかにいて、なお清廉に生きる可能性が広がります。

5章

「自然と人にやさしくなる」言葉

――幸せは「分ける」と倍になる

たしかに、それは働くことの意味には違いありません。ただし、意味のすべてではないでしょう。

働くことには、自分が体を動かすことによって「傍《はた》を楽にさせる」「傍《かたわ》らにいる人を楽しくさせる」という意味もある、とわたしは思っています。

自分や家族だけでなく、傍らにいる人とも支え合って、楽しい暮らしを共有していく。それが働くということの本源の意味であることに、気付かなければいけないのではないでしょうか。

いまでも「働く喜び」という言葉がしばしば使われますが、古代の日本では働くことが、文字通り、喜びでした。

稲作文化が日本に入ってきたのは縄文期の終わり頃だといわれますが、弥生《やよい》期になると農耕を基盤とする人々の暮らしが始まります。

彼らの労働観は「労働神事説」というものでした。つまり、働くことは神に仕えることだ、と考えられていたのです。古代人は「八百万《やおよろず》の神」、八百万もの神々がいると信じるほど、信仰心が高かったため、神に仕えることは喜びであったに相違ありません。

また、農耕は共同作業ですから、自分が働くことが相手を支え、相手の働きが自分を支えてくれることにもなります。神に仕える喜びとともに、「傍を楽にする」喜びも、彼らには実感されていたのではないでしょうか。

もちろん、現代の働く環境は古代の農耕社会とは大きく変わっています。「傍を楽にさせる」「傍らの人を楽しませる」といった感覚は、忘れ去られてしまっているかに見えます。「働く喜び」も、現在では縁遠いものでしょう。だから、他人を騙してでも自分の利益を追求することが罷《まか》り通ってしまうのでしょうし、同じ会社に属していながら、同僚をライバル視し、スキあらば足を引っ張る機会を窺《うかが》う、といったことがあります。

案外、自分自身の姿が見えないのが人間です。まして、視野が狭くなっていればなおさらです。

視野を開くカギは、みずからのうちにしかありません。

働くことの本源の意味を思ってみる。「働くことは傍を楽にさせること」と口に出してみる。そこには、あなたの働き方、生き方を見つめ直すカギがありそうです。

②「相手を許す」名僧の知恵

親子の愛、夫婦の愛すらも
ひとつとしてたしかなものなし（十住心論）

人が人に対して抱く感情のなかで、もっとも尊いものは何か？

そう問われたら、多くの人が「それは愛だ」と答えるのではないでしょうか。

純粋な愛、無償の愛、ひたむきな愛……どの言葉も、とてもいい響きです。お大師さまも、両親から「貴物《とうともの》」と呼ばれるほど、愛情深く育てられたそうです。

しかし、お大師さまが説かれる愛は激烈です。

「父子の親親《しんしん》たる、親の親たることを知らず。夫婦の相愛したる、愛の愛たることを覚らず。流水相続き、飛掩《ひえん》相助く。徒《いたずら》に妄想の縄に縛られて、空しく無明の酒に酔えり。既《すで》に夢中に遭《あ》えるが如し。還りて逆旅《げきりょ》（旅館）に逢うに似たり」

親子が親密であること、夫婦が愛し合うこと、それははたして本物の愛なのかどうか。これらは水が絶えず流れ、火が絶え間なく炎を上げているようなものだ。愛とは不動のものではなく、いたずらに妄想に縛られて、闇のなかで酒に酔っているようなものにすぎない。夢のなかで人に逢うようなものであり、旅の宿で出会う人と似たようなものだ、という意味です。

もっとも親密な親子の愛、夫婦の愛すらも、ひとつとしてたしかなものはない、というわけです。事実、肉親に対する愛が迷いや苦しみをもたらすこともあります。

愛が強すぎるゆえに、子どもを間違った道に追い込んでしまったり、深い夫婦間の愛が嫉妬や怨念《おんねん》といった心の闇につながったりするさまを、わたしたちはいろいろな場面で見ています。

では、愛に迷わないようにするには何が必要なのでしょうか。

わたしが通った高野山大学の教授をしておられた故・神代峻通《こうじろ》先生は、**「愛は許すことである。とがめないことである」**といいます。

親子であれ夫婦間であれ、恋人間や友人間であれ、言葉を尽くしても真意が伝わらないことはありますし、かえって相手の怒りを買ってしまうことも珍しくありません。

しかし、ここでもまず、許すことです。とがめないことです。

禅宗のある高僧にこんなエピソードがあります。

若い頃、東京での修行の旅に向かう際、僧は母親にこう告げました。

「これから行ってまいりますが、もし、修行なかばで堕落するようなことがあったら、もう二度とこの家の敷居はまたぎません。その覚悟でまいります」

全身全霊で修行に打ち込む決意を伝えたわけですが、母親は僧をこう諭します。

「おまえが高僧と呼ばれるようになったら、周囲の人たちはおまえを尊敬もし、讃えもするでしょうから、家になど帰る必要はありません。でも、仮におまえが破戒僧にでもなって、世間さまから誹《そし》られ、糾弾《きゅうだん》されるようなことがあれば、そのときはこの家に帰ってくるのですよ。玄関から入りにくかったら裏からでもいい。それも難しかったら窓からでも入ってらっしゃい。母はずっと待っていますよ」

立派に生きているうちは母のことなど考えずともよい。世間から相手にされなくなったときこそ、母が受け止めてやる——そんな思いこそ、許す愛といえるでしょう。

◎自分の幸せだけを求めない

相手をすべて受け止めることで自分のなかの仏性が目覚めます。仏性は相手の仏性に働きかけ、引き出します。そうすることでのみ、相手はみずからの言動を省みてあやまりに気付き、正しい道を進むのです。さらに、神代先生の言葉を引きましょう。

「愛は忍ぶことである。怒らないことである」

「愛は容《い》れることである。閉ざさないことである」

「愛は信である。偽らないことである」

「愛は平和の心である。争わないことである」

「愛は望みである。愛は失望しない」

「愛は力である。愛は動じない」

命は仏性が現前したものです。だから、愛は仏性に沿ったものでなければいけません。自分の幸せだけを追い求める愛、相手を縛りつける愛、傷つける愛……。困ったことに、仏性を置き忘れた愛も、簡単にわたしたちの心を占領します。そんなときこそ、神代先生の言葉を心底で響かせ、「許す愛」の意識を持ちましょう。

3 なるべく「素直な耳」を持つ

師に二種あり。一には法、二には人（大日経開題）

人に真実を教える師は二種類あります。一つは真実それ自身、すなわち「法」です。もう一つは真実を具現し、求める「人」であるという意味です。

「この世知辛《せちがら》い世のなか、他人の話は疑ってかからなければとんでもない目に遭う」そう公言する人がいます。他人の話を鵜呑《うの》みにして、ひどい目に遭った経験が重なり、そんな〝人生訓〟を口にさせるのでしょう。寂しいことです。

わたしは、他人の話や自分で感じたことは、まず、素直に聞き、あるがままに信じることが大切だ、と考えています。仏教ではそれを「如是我聞《にょぜがもん》」という言葉で教えています。仏教の経典はこの如是我聞という言葉から始まるものがほとんどですが、それに関して次のような逸話が伝わっています。

お釈迦さまの弟子のなかでも、とくに優秀だった阿難《アーナンダ》尊者は、いつもお釈迦さまのそばで数々の法話を耳にしていました。その教えを人々に伝える際、阿難尊者が最初に用いたのが如是我聞という言葉だった、とされています。

そのままの意味は、「わたしは（お釈迦さまから）このように聞きました」ということですが、そこにはお釈迦さまの教えに対する、阿難尊者の揺るぎない確信が含まれているのです。

「わたしはこのように聞きました。この真理は絶対のものです。ですから、疑いを抱いたり、不安を持ったりせずに、信じて素直に耳を傾けなさい」

これが、如是我聞という言葉が意味するところです。疑いの心があっては、真実は理解できないし、ましてや、真理に到達することなどできない、ということです。

◎「素直に聞くこと」から学びが始まる

素直に聞くという姿勢は、現在、失われつつあるものではないでしょうか。他人が真剣に話しているときでも、軽く聞き流したり、最初から疑ってかかったりする。思いあたるフシがあるという人が少なくないはずです。

そこに見え隠れするのは傲慢《ごうまん》さです。

自分を一段高いところに置いて相手を見下したり、否定的にとらえたりするのでは、素直に聞こうとする姿勢は生まれません。

知識を超えた真理や、理屈では推《お》しはかれない真実は、いくらでもあります。相手の話のなかに、それらがちりばめられているかもしれません。傲慢さは、せっかくそれらにふれていながら、見過ごしてしまう、という愚をもたらすだけです。

まして、相手の話を遮《さえぎ》って自分がいいたいことだけをまくし立てる、といったことをすれば、周りから一人去り、二人去り、ついには孤立することになります。

仏教で「聞く」姿勢をとくに重んじるのは、**素直に聞き、素直に感じるところから、学びが始まる**、と考えるからです。お釈迦さまの教えを伝える経典は、お釈迦さまが入滅《にゆうめつ》されてから、四百年から五百年経ってまとめられました。それまで教えは口伝《くでん》、つまり、口から口へと語り継がれるものだったのです。

お釈迦さまが語られる珠玉《しゆぎよく》の言霊を、弟子たちはすみきった心の素直さで聞き、血肉としていきました。その姿勢があったからこそ、真理は仏典としてまとめられ、現在まで伝えられている、といっていいでしょう。

わたしは政財界、スポーツ界など、さまざまな世界で確固たる地位を築き、すばらしい活躍をしている人たちとお付き合いをさせていただいています。その成功の要因はすぐれた統率力であったり、不断の努力であったり、不屈の精神力であったりと、さまざまです。

しかし、共通しているのは、素直に純粋に他人の話を聞く心を持っていることです。たとえば空海と同時代にあらわれた最澄も、自分の使命のために「聞く」ことを実践した人でした。

最澄は自分が天台宗を確立するにあたり、ライバルの空海が開祖である密教を取り入れる必要があると感じていたのです。そして、実際に空海から、密教の教えを授けられています。そこには自身のプライドよりも、自分の使命をもっともよいかたちで達成したいという最澄の真面目さ、謙虚さがあらわれています。

まず、**しっかり耳を傾け、助言としてみずからのなかに活かす。それが成功のための最大の要因ではないか**、とわたしは思っています。

4 「やすきには流れない」言葉

心は香《こう》のように、体は花のように（性霊集）

脇目も振らず、仕事に邁進《まいしん》する人がいます。ひたすら仕事の能力を高めることにつとめる。それ自体は悪いことではないでしょう。しかし、往々にしてそのタイプは、能力を評価されても信頼感は得られない、といったことになりがちです。

「彼の能力は認めるよ。でも、腹を割って何でも話す気にはなれないな」

周囲からそんな見方をされるのです。一方、仕事の能力に特段すぐれているというわけではないのに、なぜか周囲に人が集まり、何人もの人から相談を持ちかけられる人がいます。誰もが胸襟《きょうきん》を開くのは、信頼感があるからです。

能力を高めることは、周囲とかかわることなく自力でできますが、信頼は何か周囲に訴えかけるものがないと得られません。

では、何が信頼を集めるのでしょうか。

わたしは〝心のゆとり〟だ、と思います。心にゆとりがないと、人に対してもどこかギスギスしてしまいます。相手のミスが自分の評価にも及ぶといったことでもあると、必要以上に責め立てたりするのです。

自分の能力評価にこだわるあまり、相手を認めたり、受け入れたり、許したりすることができなくなるのでしょう。これでは信頼が集まるはずはありません。

◎「ゆとり」は執着からも自由になれる

では、心のゆとりはどこから生まれるのでしょうか。

心のゆとりは、悩みや苦しみの〝賜物《たまもの》〟なのです。悩みや苦しみをごまかしたりせず、正面から引き受けることで心が磨かれ、鍛えられる。だから、他人の悩みも苦しみも、実感として受け止めることができるのです。

頭で悩みを考え、苦しみを理解するのではなく、心が相手の思いに感応する、といってもいいでしょう。

心のゆとりは、執着からも人を自由にしてくれます。

仕事の成果にしろ、評価にしろ、自分が得たものは手放したくない、という心理は誰にでもはたらきます。しかし、それがあまりにも高じると、「だれかに奪われやしないか」という猜疑心《さいぎしん》にとらわれます。執着でがんじがらめになって、自分を守ることしか考えられなくなるのです。

これに対して、**ゆとりがあると、他人に〝分け与える〟ことができます**。仕事の成果でも、独占することはしません。

「決して自分一人の力じゃない。みんなの力、サポートがあったから、いい結果が得られたんだよ。ありがとう。これからも頼むな」

そんな対応ができるのです。ますます周囲からの信頼も厚くなります。

先にも紹介した江戸時代の儒学者・佐藤一斎は、こんな言葉を残しています。

「春風をもって人に接し、秋霜《しゅうそう》をもってみずからをつつしむ」

これは、人に接するときは春風のようにやさしく、自己には秋の霜のようにきびしくということです。心のゆとりがなくては、この域に達することはできません。

お大師さまも「心を洗って香とし、体を恭《つつし》んで花とす」といいます。お香のよい香り、可憐な花は人の気持ちを穏やかにします。人にはこのように、穏やかな心で接したいものです。

一方、お大師さまは自己にはそれこそ秋霜烈日《しゅうそうれつじつ》のごとくきびしかった。野山を駆け巡った自己への修行がそれに当たります。この両面があってこそ、人としてのやさしさ、きびしさが備わってくるのです。

お大師さまは、

「近くして見がたきは我が心、細にして空に遍《あまね》きは我が仏なり。我が仏、思議しがたし、我が心広《こう》にしてまた大なり」（十住心論）

という言葉を残されました。

自分の心はあまりにも近すぎて見えにくい。微細で見えないけれど、宇宙に広がっているのは自分の心中の仏である。でも人間はその仏を考えることができない。それほど人間の心は広く大きいのだ、という意味です。

ただでさえ広い人間の心。他人を信頼せず、自分のことばかり守るようでは、心中の仏はますます遠ざかっていってしまうのです。

5 必ず「返ってくる」

陰徳《いんとく》あるものは、必ず陽報《ようほう》あり（淮南子《えなんじ》）

「陰徳ある者は、必ず陽報あり」という言葉は中国の故事に由来しますが、人知れず善行をおこなえば、必ず、はっきりした形でよい報いが訪れる、という意味です。淡々としておこなう布施は、陰徳を積み上げていることにほかならないのです。

現在、「布施」という言葉を耳にするのは、お寺で何かの祈願のためにお経をあげてもらったときや葬儀・法要のときだけになっている、という印象です。僧侶への謝礼、お寺への金品の寄進。布施の一般的なイメージは、そんなところに〝閉じこめられて〟います。

しかし、単に金品を施すことだけが、布施ではありません。

誠心誠意を尽くして、人々に広く与える。それが布施の本来の意味です。「布」は仏さまの慈悲が広く行き渡ることを意味しています。つまり、心や思いの施しです。また、「施」は金銭や食べもの、衣服など、物質的なものを施すという意味です。

仏教では布施を三つに分けています。「財施《ざいせ》」「法施《ほうせ》」「無畏施《むいせ》」の三施です。

財施は、文字通り、金品の施しです。しかし、金銭的に余裕がなくても財施はできます。たとえば、他人の利になるような情報を伝えることもそのひとつです。

法施は、仏法を説いて他人の苦しみを取り除いたり、精神的に支えたりする、というのが本来の意味ですが、これも日常的にいくらでもできます。悩んでいる友人の話を親身になって聞き、できる範囲のアドバイスを、心を込めてする。自分の持っている知識を惜しみなく他人のために使う。そうしたことも法施といえます。

また、いつも明るくふるまって周囲の雰囲気をなごやかなものにすることも、自分から進んで挨拶の言葉をかけることも、法施の実践になります。

無畏施は、自分の労力を使って他人の負担を軽減することです。公園に行くと、落ちているゴミを黙々と拾って屑籠《くずかご》に入れている人を見かけたりします。無畏施の姿がそこにあります。高齢者が抱えている荷物を持ってあげること、掃きそうじをするとき、ついでにお隣さんの前も掃いておくこと、自転車置き場で倒れた自転車を起こしておくことなど、すべて無畏施となるのです。

◎「人の役に立っている」という実感

布施は、自分さえよければいい、という我欲や執着から離れる、もっとも手近な方法といえるかもしれません。他人のために役に立っている、ということを実感すると、いい知れぬ満足感がわき上がってきます。

欲しいものを手に入れたり思い通りに事が運んだ、といったときの満足感とは違う満足感です。なぜ、違うか？　理由ははっきりしています。布施の実践から感じられる満足感は、自分のなかにある仏性を知る満足感だからです。言葉を換えれば、仏さまからいただいている満足感だ、といってもいいと思います。

仏性を知ることとは、物にとらわれている自分、自分の幸せだけに向かっている自分を解き放つきっかけになります。**他人のための行動は、自分のためにもなるのです。**

◆自分の「思い」を役立てる◆

6 絶対に「逃げない」

俗世間は心が溺れる海、
悟りの世界こそ自分が生きる高峰（三教指帰）

自分のために動いてくれる人がいるのは幸福なことです。しかし、そうたやすく人は動いてくれません。たとえば、上司として部下を統率するにも、その肩書きだけに頼っていたのではうまくいくはずもない。

日本海軍の連合艦隊司令長官をつとめた山本五十六《いそろく》元帥《げんすい》は、人を動かす、指導する際の心得をこう説いています。

「やってみせ、いって聞かせて、させてみせ、ほめてやらねば、人は動かじ」

連合艦隊という上下関係が徹底した組織の長であってなお、命令だけでは人を動かすことはできない、という山本元帥の認識には、人間を見る洞察力の深さを感じます。

江戸時代随一の名君と謳《うた》われた米沢藩主・上杉鷹山《ようざん》も、

「してみせて、いって聞かせて、させてみる」

という言葉を残しています。山本元帥もどこかで鷹山の言葉を噛みしめた瞬間があったのかもしれません。

わたしも常々、上杉鷹山や山本五十六の言葉に倣《なら》って生きよう、と肝に銘じています。彼らの経験が「やってみせる」ことの大切さを、わたしにしっかりと刻みつけたのです。

◎「やってみせる」姿勢をつらぬく

では、人に「やってみせる」ために自分が行動するとき、何が必要でしょうか。

お大師さまは「六塵《ろくじん》は能《よ》く溺るる海、四徳《しとく》は帰するところの峯《みね》なり。すでに三界の縛を知る、なんぞ纓簪《えいしん》を去てざらん」といいます。

六塵は俗世間、四徳は悟りの世界、涅槃《ねはん》です。三界は現世の束縛を意味します。纓簪は、官吏《かんり》がかぶる冠のひもとかんざしのことです。

お大師さまは、「俗世間は心を溺らせてしまう海で、悟りの世界こそ、自分が生きたい高峰だ。このままどうして名利を求める娑婆《しゃば》にとどまれるだろう」といいます。

これは、お大師さま二十四歳のときの出家宣言の詩です。自力で自分の道を拓《ひら》く覚悟が読み取れる言葉です。

自分の生きる道のためには、どんなこともやってみせるという意気込み。その強い気持ちが、周りの人や、あとにつづく誰かの心を動かすのではないのでしょうか。

前述のとおり、わたしがクーデター未遂事件に連座して逮捕拘留された後、郷里の鹿児島に戻ってからのことです。

わたしは「拝み屋」に徹することを決めたのです。僧ですから、経典について説いて聞かせたり、法話を講じたりする道もあります。それも立派なことには違いない。しかし、わたしは徹底して行をおこない、その姿を見ていただくことが、自分の生きる道だ、と理解していったのです。

経典や法話を語ることに長《た》けるより、生涯、拝み屋としてひたすら行に心血を注ぎつづけよう。迷いはありませんでした。そこにはふだんは言葉少なですが、背中で語る父の影響もありました。幼少期から護摩行を重ねてきたわたしに、父はこういいつづけました。

「読経したら、刀岳《とうがく》（刀を自分の前に立てて禅を組む）の禅を組め。禅を組んだら、修行せよ。修法したら、護摩を焚け。護摩を焚いたら、八千枚護摩行をおこなえ。八千枚を終えたら、十万枚。そして、先祖がだれも達成したことのない百万枚護摩行に挑戦してみよ」

理屈はどうでもいい、とにかく行に全身全霊を投じよ。父らしい「能書き不要論」であったかもしれません。

いまも、日本にいる限りはどんなに忙しくても、一日二千枚の護摩木を焚く行を欠かしたことはありません。弟子たちがきびしい行にすすんで臨むのも、大勢の人たちが寺を訪れ、わたしの話を聞きたいと願ってくれるのも、「やってみせる」姿勢を心で感じていてくれるからでしょう。

7 子どもには「本気」を伝える

人が伸びるか、すたるかは、道理に基づく生き方をするかどうかで決まる（性霊集）

お大師さまは「物の興廃《こうはい》は必ず人による。人の昇沈《しょうちん》は定《さだ》んで道にあり」といいます。これは世のなかすべてに通じる真理です。

人の昇沈、その人が伸びるか萎縮するかは、その人が何を学んだかにかかってきます。お大師さまがいっていることは、ゴールにたどり着くまでの、そこへのプロセスを大切にする、ということです。

いかによく学ぶか、そして教える側は、いかによく教えるかが重要です。企業や学校、家庭のそれも、それを担っている人間にかかっているのです。

子どもの不登校や引きこもり、家庭内暴力などが、これでもかというくらい頻繁《ひんぱん》に新聞紙上をにぎわしていますが、親子関係はそうした現象が顕在化《けんざいか》するはるか以前に、崩壊の芽がすでに出ていたのではないでしょうか。

子どもをやさしい愛情を持って大切に育むことは、親のいちばんの役割ですが、大切に育むことと、甘えを許し野放図《のほうず》に育てることとは決定的に違います。

わたしは、地方への移動のため公共の交通機関を利用するたびに、目を覆いたくなる光景に出くわします。周囲から迷惑顔がいっせいに向けられているなかで、まったくそれを気にするふうもなく、大声で騒ぎ、車内を走り回る子どもたち。

驚くのは、付き添っている親が、とがめようともしないことです。注意したとしてもその場を繕《つくろ》うだけです。

言葉は〝本気〟で発したものでない限り、相手には伝わりません。

おざなりの「騒いじゃダメ」も「迷惑でしょ」も、空虚に車内をさまよっているだけなのです。叱れなくなった親は、果たすべき役割を放棄しているにも等しい、とわたしは思っています。

その行き着く先に見えるのは、困難に直面したとき、乗り越える智慧も力もなく、ただ立ち往生《おうじょう》するしかない子どもの姿です。挫折感から引きこもりになってしまうというケースも少なくないでしょう。

本気で叱る、本気を言葉にする。現在の親に求められているのは、まさしくこの一点ではないでしょうか。

昔から語り継がれてきたこんな言葉が思い出されます。

「可愛くば、二つ叱って三つほめ、五つ教えて善き人にせよ」

可愛い子どもを〝善き人〟に育て上げるための原則を教えるものですが、まず、叱ることから始まっていることに注目してください。子どもが育っていく上でもっとも重要なのは、人様に迷惑をかけないこと、危険を回避することです。それを身につけさせるには叱ることしかありません。

いいことと悪いことの判断がつかない子どもは、叱られることではじめて、迷惑をかけてはいけないんだな、危ないことをしてはいけないんだな、ということがわかっていきます。どこまで子どもの心に深く善悪の判断基準が刷り込まれるかは、ひとえに親の〝本気度〟にかかっています。

◎本気で向き合わない親は親になれない

子どもは七歳までのどこかの一年間に、徹底してきびしく育てる。これはわたしの子育てに関する持論であり、信念でもあります。

わたしには三人の子どもがいますが、この子育て法を実践してきました。現在、鹿児島の寺を継いでいる長男には、毎日、護摩行をさせました。眼前に高く燃え上がる炎の前で、印を結ばせ、不動真言を唱えつづけさせたのです。印を結んだ手に火の粉が降りかかり、印が崩れたときには「外すな！」と一喝しました。

そうして育てられた子どもは、決して非行に走ったり、心の闇に閉じこもったりすることはありません。親子の間にゆがみなど生じないからです。

『父母恩重経《ぶもおんじゅうきょう》』というお経があります。人の生命は大勢のご先祖の喜びや悲しみでできており、いちばん身近である父母への孝行はとくに怠ってはいけない、という教えです。子どもに対する父母の愛の深さ、その恩の尊さを説いていますが、わたしは親を親とする教えを説いてもいる、と考えます。本気で向き合わない親は、本物の親にはなれないのです。

8 「自分の修行の場」はどこか

言うだけで行動しなければ、信心の修行にはならない（性霊集）

すばらしい芸術作品や有益な科学上の発見などは、ひらめきから生まれるといわれます。能力や技術、経験を超えた何か。それをひらめきという言葉で表現しているわけですが、わたしはひらめきを、大宇宙に広がる智慧だ、と考えています。

わたしたちの肉体は死の瞬間に滅びますが、肉体と一体になって生を担《にな》ってきた霊は滅びることがありません。肉体を離れた霊は智慧として宇宙いっぱいに広がっているのです。

そして、その智慧がひらめきとして生きている人間に受けとられ、芸術作品や発見が生まれるのです。

「中間子理論」を発表して昭和二十四（一九四九）年に、日本人初のノーベル賞（物理学賞）受賞者となった湯川秀樹博士は、『般若心経』を唱えている最中に、その理論構築のひらめきを得た、と述べています。読経が、宇宙に広がっている智慧を受けとれる状態にしたということでしょう。

わたしにも似た経験があります。

八千枚の護摩木を焚く、八千枚護摩行を四十回ほどやり終えたときでした。ある友人が鎌倉時代に書かれた巻物を持って訪ねてきたのです。ぜひ、わたしに見せたいということでした。

巻物をひもといてみて驚きました。わたしがつくりあげた護摩行の方法が、そっくりそのまま、巻物に書かれていたからです。もちろん、それ以前に巻物を見たことはなく、その存在すらも知りませんでした。

わたしは僧侶ですから、この不可思議な現象をこう理解しました。

仏教には輪廻転生《りんねてんしょう》という考え方があります。生きとし生けるものは何度も何度もこの世に生まれ変わる、という考えですが、それに照らして、わたしはその巻物を残した行者の生まれ変わりだ、と思ったのです。

◎行場はどこにでもある

しかし、さらに八千枚護摩行をつづけ、百万枚護摩行を達成したあと、ふと考え方が変わったのです。わたしはその行者の生まれ変わりということではなく、宇宙に広がっていたその行者の智慧をいただいたのではないか。そのとき思い至った考え方がそれでした。

「誰もが湯川博士のような頭脳を持っているわけではないし、幼少からきびしい行をつづけてきたという体験があるわけじゃない。智慧を受けとれるのは選ばれた者に限られるのじゃないか」

そうではありません。わたしにとっては、護摩行をおこなう寺が「行場《ぎょうば》＝修行の場」ですが、**「自分だけの行場」は誰にでもあります**。ビジネスマンは職場がそれですし、医師なら診療室が行場。芸術家は作品を制作する空間がそれにあたりますし、主婦は家庭が行場になります。

お大師さまは「言って行ぜざれば、信修《しんじゅ》とするに足らず」といいます。このいうだけで実行がともなわなければ、信心修行していることにはなりません。この言葉は空海が最澄に宛《あ》てて書いた手紙の一説です。

最澄は、空海が唐から持ち帰った密教の大事な経典を写させてほしいと、何度か使いの者をやって頼みました。空海は「密教は行法が中心ですから、最澄さんが三年間、自分のところに来て修行したらすべて教えてあげます」という条件を出しました。

しかし、最澄は、そのことを先延ばしにしたまま、経典を借り受けつづけたのです。ついに空海が一番大切にしていた密教の中枢経典である『理趣経』を借りに来たとき、「いい加減にしなさい！ 最澄さん」と堪忍袋《かんにんぶくろ》の緒を切って、貸すのを止めてしまったのです。

自分の行場で修行に一所懸命にならない最澄の態度を、空海は許せなかったのでしょう。

智慧がいつ、いただけるのかはわかりません。しかし、一所懸命を貫いていれば、必ず、心と智慧との回路が通じます。たしかなことは、智慧をいただいたとき、飛躍の道が開かれるということです。安心して、わが行場で一所懸命を貫きましょう。

6章
「あなたの一生を充実させる」言葉
――「小さな変化」を積み重ねればいい

1 「苦しみに負けない」心

八苦《はっく》や、地獄・餓鬼《がき》・畜生《ちくしょう》の三悪道をさまよう苦しみに、私たちは責められている
（平城天皇灌頂文《へいぜいてんのうかんじょうぶん》）

お釈迦さまは、人間は生きていること自体が「苦しみ」だ、とされました。釈迦族の王子という立場を捨てて出家され、修行を重ねて悟りに至りたいと願われたのも、衆生《しゅじょう》（命あるもの）を苦しみから救済したい、との思いからです。

人間が生まれながらに背負っている苦しみ、それが「四苦八苦《しくはっく》」です。四苦とは、生・老・病・死の四つのことをいいます。

誰しも「若くありたい」「健康でいたい」と願っています。しかし、必ず、老いはやってきますし、病気とまったく無縁でいることもできません。かなうことのない願いを抱き、かなわぬゆえに苦しまずにはいられない。生きるのは苦しみです。また、

死ぬことはわかっていても、その恐怖や不安を拭い去ることはできない。これもまた苦しみでしょう。生老病死の四苦は等しく、人間が背負っているものだ、といえるのです。

苦しみはまだあります。「愛別離苦《あいべつりく》」「怨憎会苦《おんぞうえく》」「求不得苦《ぐふとくく》」「五蘊盛苦《ごうんじょうく》」がそれです。生きるということは生老病死の四苦に、この四つが加わった八苦を引き受けることでもあります。

「愛別離苦」は、愛する人と別れなければならない苦しみです。限りある命を生きている以上、両親や配偶者、子どもなどの家族はもちろん、大切な恋人や友人、敬愛する先輩ら、別れ難い人たちとも、いつかは別れの瞬間がやってきます。その苦しさは手足をもぎ取られることにも匹敵します。

「怨憎会苦」は、恨みを抱いている人、憎んでいる人と一緒にいなければならない苦しみです。嫌いな人の顔も見たくない、といったことがこれにあたります。

「求不得苦」は、欲しいものが手に入らない苦しみです。「働けど働けど、なお、わが生活《くらし》楽にならざり～」。そんな状況はいつふってくるかわかりませんし、地位や名誉、能力なども、自分が欲したからといって得られるものではありません。

「五蘊盛苦」の五蘊とは、色《しき》、受《じゅ》、想《そう》、行《ぎょう》、識《しき》、のことで、人間の体をかたちづくっている根本だ、と考えられています。心身ともに健康でいることを求めながら、それができない苦しみのことです。

お大師さまも「生きる苦しみ、死の恐怖、老いることへの憂い、病気の苦痛、貧乏の苦しみ、財産があるゆえの苦しみなどの八苦や、地獄・餓鬼・畜生の三悪道をさまよう苦しみに、わたしたちは責められている」といわれました。

これら八苦は生きることとともにある苦しみです。わたしたちは八苦にまみれながら、生きているのです。だから、**苦しさはあるものとして受け止め、それにつぶされない自分をつくりあげていくこと**が大切です。

◎心の曇りを除く言葉

自分を磨く生き方として、お釈迦さまは「八正道《はっしょうどう》」を説かれました。

「正見《しょうけん》」「正思惟《しょうしい》」「正語《しょうご》」「正業《しょうぎょう》」「正命《しょうみょう》」「正精進《しょうしょうじん》」「正念《しょうねん》」「正定《しょうじょう》」がそれで、順に正しい見解、正しい決意、正しい言葉、正しい行為、正しい生活、正しい努力、正しい思念、正しい瞑想のことですが、これらを心がけることによって、自分は磨かれるのです。

いずれも等しく、心にとめて日々を生きてほしいものですが、ここまでお話ししてきたように、言葉には無限の力があります。言葉ひとつで心の曇りが取り除かれ、光を受けとることができるのです。

我欲にとらわれず、周囲を明るくする言葉を他人に向けつづけると、関係は必ずよりよいものに変わっていきます。八苦のひとつである「怨憎会苦」は、人間関係の苦しみですが、言葉はその苦しみから逃れる最大の武器といっていいでしょう。

病や死の苦しみも、魂のこもった言葉をいいつづけることで軽減されます。病に倒れて、「もう、ダメかもしれない」というのと「頑張るぞ。きっと生き抜いて見せる」というのとでは、その後の生き方が大きく変わってくるのは間違いないところです。言霊は命に光を注ぎこむのです。

言霊は、苦しさと正面から向き合うための智慧です。いかなる状況にあっても前向きな気持ちになり、生きる力を与えてくれます。

2 「小さな変化」でいい！

すぐれた医者は、道端にある雑草を見ても
それが何の薬になるのかわかる（般若心経秘鍵）

学生時代には、まがりなりにも、学ぼうとする姿勢が誰にでもあるのだと思いますが、社会人となり、年を経るうちに学ぶこととはすっかり無縁になってしまっていることが少なくありません。

お大師さまの『般若心経秘鍵』の中に、こんな言葉があります。

「医王の目には途《みち》に触れてみな薬なり。解宝《げほう》の人は鉱石を宝と見る。知ると知らざると何誰《たれ》が罪過《ざいか》ぞ」

道端に生えている草を、何も知らない人はただの雑草としか見ないが、医学の心得がある人は薬草だということがわかる。鉱石を見分けることができる人は、ただの小石に見えても、それが鉱石だと見抜くことができる。知っているのと知らないのとでは、見方はまったく違ってくるのだが、それはいったい誰の責任なのだろうか、ということです。

ものごとを学んでいる人と、学びを忘れてしまった人では、見えてくる世界が違うようです。仏教には「五眼《ごげん》」という言い方があります。肉眼《にくげん》、天眼、慧眼《えげん》、法眼、仏眼がその五眼ですが、修行を積むごとにものごとを見る眼も違ってくる、という教えです。

「肉眼」はわたしたちがふつうにものを見る眼です。「天眼」は上から広々と見下ろすことができる眼、仙人の眼ということ、「慧眼」は智慧を持った眼です。「法眼」はものごとの法（宇宙の法則）がわかる眼、最後の「仏眼」は時空を超えてすべてを見通すことができる仏さまの眼です。

護摩行や瞑想をずっとつづけていると、しだいに眼が養われていくことがわかります。現在はわたしの寺に、多いときは一日に百人を超える人が相談にくることもありますから、なかなか実感できないのですが、かつて、相談者が二人、三人というときには、会う前に相談事の内容がわかる、ということがよくありました。

一刻も早く、気持ちの負担を取り除いてあげたいという思いから、わたしは顔を合わせたら、玄関先ででもすぐに答えるようにしていたのです。相手は、相談する前に答えを聞かされるのですから、狐《きつね》につままれたような表情になります。

これに渋い顔をしたのが弟子たちでした。

「一応、仏さまの前で相手の話を伺ってから、お答えになっていただけませんか?」

「そんな面倒くさいことせんで、すぐに話をしてあげたほうがよかろう」

わたしがいうと、弟子は困ったような顔でいったものです。

「仏さまの前でないと、〝ありがたみ〟がありません」

他愛ないかけあいの一コマですが、眼が養われるのはたしかなことです。

◎ちょっとだけ、習慣を変えてみる

行を積んで眼を開くことも、学んで見解を広げることも同じです。学ぶといっても教育機関に通ったり、書物を読んだりすることだけではありません。生き方を少し変えると、ふだんの立ちふるまいも学びの意味を持つのです。

命日だけにしか、花を手向《たむ》けなかった仏壇に、毎日、花を飾り、線香をあげて手を合わせるようにする。思っていても口にしたことがなかった「ありがとう」の言葉を、夫や妻にいってみる。適当なところで切り上げていた仕事のスタイルを、「もう、ひと踏ん張り」頑張るものに変える。

大げさなことをしようとする必要はありません。それらのことも立派な行です。心の学びです。

少しずつ、いろいろな局面で小さな変化を実現するのです。それは、眼が開かれるための種まきです。いつ、どの種から芽が出るかを、ひそかに期待しながら、どんどんまけばいい。出るのが遅いからといって、腐ることはありません。

「これまでの自分だったら、結果も考えず、猪突猛進《ちょとつもうしん》で突っ走っていたはずなのに、全体像が見えるようになってきたぞ」

という実感がわいてくるはずです。

肉眼は、学びを重ねることでいつしか天眼に変わっていき、広い視野を得ることができるのです。

3 「本物の自分」を知る

苦しみから救われ、悟りさえも
必要なくなるまで、人の願いは尽きない（性霊集）

仏教に「上求菩提《じょうぐぼだい》、下化衆生《げけしゅじょう》」という言葉があります。

菩提とは仏さまの悟りの智慧です。その智慧に向かって、みずからひたすら仏道修行に励んでいくのが「上求菩提」ということです。また、「下化衆生」は、衆生に向き合い、利他（他人のために行動すること）をおこなって衆生を教化し、救済していく、という意味です。

わたしはこの「上求菩提、下化衆生」という姿勢が、お大師さまの生き方の基本であった、と思っています。

お大師さまは『高野山萬燈会願文《まんどうえがんもん》』というものを残しておられます。

萬燈会というのは、この世とのお別れの行事ということですが、その誓願書に次のような文言があります。

「虚空《こくう》尽き、衆生尽き、涅槃《ねはん》尽きなば、我が願いも尽きん」

人々の心に闇がある限り、わたしはこの世に皆とともにあって修行をし、闇が消えて満たされたとき、はじめてわたしの願いがかなうのである、という意味です。闇がなくなるまで、苦しみのなかにある衆生とともに生きるのが、自分の役割だ、とお大師さまは考えておられたのです。

現在でも、さまざまな悩みを抱えて八十八か所の霊場を巡る、四国のお遍路《へんろ》さんたちは、「同行二人」といってお大師さまとともに歩いています。お遍路さんのそばにはいつもお大師さまがいてくださるのです。

末弟としてのわたしたちも、お大師さまの役割を継承していかなければならないのです。

その境地にはもちろん、遠く及ぶべくもありませんが、それは常々、わたしが肝に銘じていることです。

◎人は役割を持って生まれてくる

人間はみな役割を持って生まれてきています。それぞれが特長を活かしながら、役割を果たしていくために、この世に生まれるのです。ただし、誰もが自分の役割をきちんと見定めているかというと、必ずしもそうではありません。

むしろ、役割を見つけられない人が多いかもしれません。無力感や孤独感、自己喪失感などの感情にとらわれるとき、人は役割を見失っている、といえます。

「仕事で能力を発揮しているというわけでもないし、人間関係をそつなくこなすのも苦手。家族に尊敬されているとも思えない。どこでもたいした役割を果たしていないようだ。存在感、薄いなあ」

ふと、自分を見つめ直してみたとき、確たる存在感のなさに愕然《がくぜん》とすることがあるかもしれません。しかし、この自己評価、どこか違っていると思いませんか？　仕事で能力を発揮していない、と考えるときには、バリバリ能力を前面に出す人、能力をアピールすることに長《た》けている人が裏側にいます。

人間関係をそつなくこなせない、というときには、どんな場面でも座持ちがうまく、巧みに相手の心を掴《つか》んでしまう、人間関係の達人が見え隠れしています。

つまり、いずれも自分のなかの理想像と〝比較〟して、自己評価をしているのです。**誰だって理想と勝負したのでは勝ち目はありません。**これでは自分の役割も見えませんし、存在感を光らせることもできません。

もっと原点に戻ることです。誰もが親にとっては息子や娘として、家族がいれば夫（妻）や父（母）として、ビジネスマンなら企業の戦力として、友人間では欠かせない友情の担い手として……過不足なく役割を果たし、立派に存在しているのです。「どうしたら能力を見せられるか」などと考えず、**目立たなくても、自分の持ち場で責任をまっとうする。**人間関係が巧みでなくてもよい、朴訥《ぼくとつ》ななかにも誠実な言葉で人と接する。そんな〝らしさ〟が、その人ならではの、大切な役割を果たしていることを周囲に知らしめ、また、存在感を光らせるのです。

お大師さまは、「良工が材を用いる、その木を屈せずして厦《か》を構える。聖君の人を使う、その性を奪わずして所を得しむ」（性霊集）とおっしゃいました。世のリーダーの皆さん、人を使うときは、その人の個性を奪うことなく、その人に合った地位や仕事を与えてください、という意味の教えです。

4 「ありがとう」「おかげさま」の力

父母との別れは心肝がただれるほどの悲しみ（教王経開題）

手に入れた〝物〟で幸福の多寡《たか》をはかるようになったのは、いつ頃からでしょうか。溢れかえる物を買いあさることに汲々とし、物に囲まれて感じる幸福。わたしには滑稽《こっけい》で悲しい図としか映りません。

人間にとって本当に大切なものは、じつは目には見えないものなのです。物に代表される目に見えるものなど、大切なもののせいぜい五パーセントあるかどうか。九五パーセントは見ることはできません。その五パーセントに振り回されて生きている人が多いのが、悲しいかな、現代日本の実相です。

かつての日本人は目に見えないものに対する畏敬《いけい》の念を強く持っていました。どこの家庭でも子どもたちは、親から「お天道《てんとう》さま」という言葉を何度となく聞かされました。

「お天道さまは何もかもお見通しなのだから、隠れて悪いことをしたら罰《ばち》が当たるよ」

「お天道さまに恥ずかしくない生き方をしないといけないよ」

お天道さまとは天地をつかさどる神で、人知の及ばない大宇宙の摂理《せつり》といったほどの意味です。

折にふれてそんな言葉に接してきた子どもたちは、目に見えないものを信じ、敬い、畏《おそ》れ、生きるよすがにもしてきたのです。

◎感謝は声にしてあらわす

ところが、いまはお天道さまという言葉自体がほとんど死語になっていることからもわかるように、目に見えるものしか信じないようになり、社会から品格が失われています。金を儲けるためならどんな手段に訴えてもいい。自分が成功するために他人を陥れてもかまわない。地位や権力を利用して不当に欲しいものを手に入れる。そんな感覚がはびこっています。モラルは地に落ちてしまったようです。「おかげさま」の心もすっかり影を潜めてしまっています。一日の終わりに誰かに、何かに、感謝の気持ちを捧げて眠りにつくという人がどれほどいるでしょうか。何もかも自分一人の力でなし得ている。そんな傲慢さにとりつかれている人の多さばかりが目立ちます。

しかし、生きているということはさまざまな「おかげさま」に支えられているということなのです。**この世に「おかげさま」なしに成り立っているものなど、一つとしてない**、といっても決して過言ではありません。

現在、わたしたちが享受している文明も文化も、思想も哲学も、あらゆる科学も、先人たちがもたらしてくれたものです。そろそろそのことに気付くべきです。

とりわけ、両親に対しては「おかげさま」の心を持たなければいけません。

お大師さまは肉親の情の深さについて、こんな言葉を残されています。

「心肝《しんかん》は父に離れ、母に離るるの哭《こく》にただれ、涕涙《ているい》は倶《とも》を喪《うしな》い子も喪う悲しみに溢《あふれ》てり」

父や母と別れることは内臓がただれるほどの悲しみであり、妻や子を失うことは涙も涸《か》れるほどの悲しみである、という意味ですが、肉親はそれほどの強い絆、深い情で結ばれているのです。両親とのつながりが、何よりも強く深いものなのです。

その両親に口に出して感謝の言葉を告げているでしょうか。すでに故人となっているなら、供養をきちんとしていますか。おかげを感じても言葉で表現しなければうまくは伝わりません。

「いつも気づかっていてくれてありがとうございます」

ぜひ、声にして感謝をあらわしてください。仏前で手を合わせてください。

「おかげさま」の心で生きる原点は、両親や肉親に感謝することにあります。

いまの自分があるのも、両親・肉親のおかげなのですから、生きていく以上、その感謝の気持ちは忘れてはならないものだと、肝に銘じましょう。

5 「与えられた時間」を生きる

死もまた人の憎むにあらず（秘蔵宝鑰）

祇園精舎《ぎおんしようじや》の鐘の声　諸行無常の響きあり
沙羅双樹《さらそうじゆ》の花の色　盛者必衰《じようしやひつすい》の理《ことわり》をあらわす

よく知られた『平家物語』の書き出しです。どんなに勢い盛んな人も、必ず、衰えを迎えるのがこの宇宙の定め、生者が滅するのもまた、理です。

この世に生を受けた瞬間にすでに決められているのが、唯一、必ずその生は死を迎えるということです。健康に留意すれば病は避けられるかもしれないし、心持ちしだいで老いを遠ざけることも不可能ではないかもしれません。しかし、死を免《まぬが》れることはできません。だから、人間は死を恐れる。

お大師さまは「その生《しょう》はわが好むにあらず。死もまた人の憎むにあらず。しかれどもなお、生まれゆき生まれゆきて六趣《ろくしゅ》に輪転し、死に去り死に去って三途《さんず》を沈淪《ちんりん》す」といいます。

人は好むと好まざるとにかかわらず生まれ、拒みながらも死んでいかなければいけないということです。

では、何が死の恐怖をもたらしているのでしょうか。

それは、この世に対する執着です。

「もっとやりたいことがある」「築いた財産を残して逝《い》きたくない」「別れがたい人がいる」……。

この世に思いを残していれば、死を落ちついて受け入れることはできません。執着心が強ければ強いほど、死への恐怖も増幅します。それが我欲ならばなおさらです。

生きざまという言葉があります。その人がどのような生き方をしてきたかということですが、その生きざまが如実にあらわれるのが、死を迎えようとする瞬間です。**死にざまが生きざまをそのままに映し出す**のです。しかも、死にざまはごまかしようも、晦《くら》ましようもない。

何人もの人間に引導を渡し、お浄土《じょうど》に送ってきた僧侶が、みずから病におかされ、病状が悪化の一途をたどり、余命いくばくもないという状態になったとき、「死ぬのは嫌だ」と生にしがみつき、凄まじい形相《ぎょうそう》で息を引きとる、といった話があります。

「人生、仏道修行に明け暮れたはずの僧侶がなぜ？」と思われるかもしれませんが、わたしは実際、僧侶のそんな死にざまを目にしています。

人品骨柄《じんぴんこつがら》申し分なし、と周囲から見られていた人が、七転八倒《しってんばっとう》の苦しみのなかで死んでいくことも、珍しいことではありません。

財をなしてさんざん贅沢な暮らしをしてきた人の葬式は、総じて寂しいものです。生前身につけていた指輪や腕時計など、値打ちのありそうな宝飾品はすべて外されます。棺のなかのご遺体は、何も持たされずに旅立つのです。寂しい話ですが、それが現実です。

◎よい想念を持とう

生前は見えなくても、それがその人の人生の総決算なのです。地位や財産や名声などとはかかわりなく、人間の掛け値なしの価値を死にざまはあらわします。周囲には凡庸《ぼんよう》な生き方と見えても、あるがままに、自分を偉く見せるでもなく、他人に迷惑をかけることもなく生きてきた人の死にざまは、穏やかでやすらかなものです。死を落ち着いて受け入れる気高ささえ感じさせます。

「なぜ蓄えた財産を自分のためにもっと使っておかなかったのか、心残りでならない。自分の死で家族は贅沢三昧することになるのか」

といった悪念はいけない。悪霊となって家族に取り憑《つ》き、不幸をもたらす元凶にもなり、死者自身の死にざまも醜悪なものとするのです。もちろん、どんな想念を抱くかは、どう生きたかにかかっています。

わたしたちの命は、仏さまからお預かりしたものです。仏さまからお預かりした命は、そのまま受けとることです。生まれつき重篤《じゅうとく》な病気を背負った命も、障害をともなった命も、そのまま受けとり、お返しするそのときまで一所懸命生ききればいい。そう考えれば、死の恐怖も薄らいできます。

6 「安心の境地」で生きる

智慧《ちえ》あるものは悟りを完成し、
愚かなものは生死《まよい》をこしらえる（般若心経秘鍵）

何事にも心を惑わされない「安心」の境地で生きる。悟りとはそんなものかもしれません。安心とは、仏教では信仰や実践によって到達する心の安らぎ、あるいは不動の境地をさします。

人生には悩みや苦労が尽きませんが、安心の境地に立てば、それさえも自分の魂の鍛練、心の浄化のチャンスととらえ、ごまかすことなく正面から向き合っていくことができるでしょう。

ところが、たいがいの人は悩みや苦労のなかで迷い、もがいて、生きています。そして、何とかそこから抜け出す道を見つけていきます。貧しさから這い上がったり、病気を克服したり、人間関係の葛藤を吹っ切ったり……。

しかし、依然、安心は訪れません。悩みや苦労を乗り越えると、それがまた新たな悩みの種になるのです。わかりやすい例を引きましょう。

欲しいものが手に入らないことも、悩みの一つでしょう。隣の家から子どもがピアノを弾く音が聞こえてくる。心がちょっと動揺します。

「うちにも同じ年頃の娘がいるのに、ピアノなんてとても買ってやることはできない。子どもの頃から音楽にふれあうのはいいことだ、とわかっているのに……」

そんな考えにとらわれると、ピアノが必要不可欠のもののように思えてきます。悩みは増幅します。そこで、自分は残業に残業を重ね、妻はパート勤めに出て、何とかピアノを購入する資金を調達するかもしれません。念願のピアノがわが家に運び込まれて、悩みは克服されたかに見えます。

しかし、今度は親しい友人から、子どもに家庭教師をつけたことを聞かされたらどうでしょう。「家庭教師かあ、なんとかならないかな」と考えるようになるのではないでしょうか。

何かを得ようとする悩みは、克服したと思ったそばから、同じ悩みを生み出すのです。いたちごっこ、無間《むげん》地獄の図です。「あれが欲しい、これも欲しい」と思っても、人間はすべてのものを手に入れることなどできない。そのことは誰もがわかっているのですが、いつしか悩みのいたちごっこに迷い込んでしまうのです。

◎心を豊かにする生き方

お大師さまはこんな言葉を残されています。

「智慧あるものは悟りを完成し、愚かなものは生死をこしらえる」

〝生死〟は〝まよい〟と読みます。愚かさが迷い、悩み、苦労をつくりだすのです。悟りは安心と同義でしょう。愚かでいるあいだは安心は逃げていくばかりです。

もうひとつ、お大師さまの言葉を引きましょう。弟子との問答での言葉です。

「取ることと捨てることはともに病気をもたらします。安心はどこに求められましょう」

そんな弟子の問いかけにお大師さまはこう答えます。

「取ることと捨てることはとらえることができない。みな名付けて幻のように虚妄《こもう》なものとする。すべての形を取らなければ、業の海には波がない。もしもわたしが人の心を取ろうとすれば、ただ根源的無知をますます盛んにするだけである」

形のあるものにこだわり、得よう、取ろうとすることの愚かさを説かれているのだ、と思います。**本来、形などあるはずもない心も、形あるものとして取ろうとするのが、人間（の愚かさ）だ**と、お大師さまは見ておられたのです。

豊かさは心で感じるものですから、取るすべなどないのです。先のピアノを手に入れて得たと思い込んでいる豊かさは幻であり虚妄でしかありません。次に何かを取ろうとしたとき、瞬時に消え失せてしまいます。

豊かさを感じるために本当に必要なもの、得なければいけないものは、それほど多くはありません。形あるものへのこだわりをやめ、いたずらに得よう、取ろうとすることの愚かさに気付くことです。

7 「わが行場で死ぬ」覚悟

生《うま》れ生れ生れ生れて生の始めに暗く
死に死に死に死んで死の終りに冥《くら》し（秘蔵宝鑰）

わたしの母もまた、父と一緒に護摩行に打ち込んでいました。護摩壇にのぼり、真言を唱えながら護摩木を焚きつづける。朝、晩、深夜とつづく護摩行の合間に子どもの世話もしていたのですから、眠る時間もない日々を、母は生きていました。

その母から一通の短い手紙が届いたのは、前に述べた「三無事件」でわたしが逮捕され、拘留の毎日を送っているときでした。

「あなたは、母が産んだ子です。恥ずかしい死に方だけはしないようにしなさい」

釈放後、わたしはこの母の言葉、いや、言霊に導かれて行者の道に戻った、といってもいいかもしれません。

行に全身全霊をかけるわたしをきびしく、また、やさしく見守ってくれた母の、もうひとつ忘れられない言葉があります。

護摩行はきびしさを追求するものですから、文字通り、命がけです。事実、八千枚護摩行などでは、行のさなかに意識を失ったり、命を落とす行者さえいます。

一心に行に打ち込んでいるときは、宇宙と一体になっていますから、周囲から自分がどのように見えるのかはわかりません。その護摩行のなかで、わたしは意識不明になっていたようです。のちに弟子たちから聞いたところでは、脈もなくなってき始めていたらしいのです。

気付いた弟子たちは、さすがに色を失ってわたしを護摩壇から降ろそうとしたのです。そのとき、みんなが唱えつづける真言を切り裂く母の声が響いたといいます。

「行場は行者の死に場所です。それ以外の死に場所はありません。ここできれいに死になさい」

わたしは三途《さんず》の川を渡りかけていました。見える光がこちらの世界とはまるで違うのです。そこに母の声だけが聞こえてきました。

「行場は行者の死に場所です」——声は何度も繰り返し、わたしのなかに入ってきました。その声に呼び戻されるように、意識がしだいに甦《よみがえ》り始めたのです。

見える光が、この世のものに変わっていました。甦った意識のなかで、わたしは護摩行を最後までやり通すことができたのです。母がいなかったら、あの声、言葉がなかったら、命を落としていた、と思います。母がいたからいまのわたしはあるのだ、という思いは強まるばかりです。

◎「折れない心」をつくる

行者が行場で死ぬのは、むしろ、当然かもしれません。その覚悟がなければ、行はやり通せませんし、行をおこなう資格もないのです。

しかし、行場はすべての人が持っています。自分の行場で、「わが行場で死ぬ」というほどの覚悟を持って、やるべきことに励んでいるでしょうか。

命のやりとりをすることになる戦《いくさ》を見据えていた戦国武将は、だれもが「常在戦場《じょうざいせんじょう》」という意識を持っていました。その意識を支えたのは、いつ戦端《せんたん》が開かれても、命を捨てて戦う、わが行場で死ぬ、という覚悟でしょう。

行場で命を落とすことはなくても、真剣勝負の場であることに違いはありません。「わが行場で死ぬ」という覚悟を決めると、責任を持って仕事に邁進《まいしん》できます。

専業主婦にとっては、家庭が行場です。家族の健康を守り、おいしい料理や、居心地のいい環境をつくるのは、主婦にとっての大事な役割です。そこを手抜かりなく実践していくことで生きる本質が見えてきます。

それぞれが、それぞれに与えられた場で、主人公なのです。

生きる本質でいえば、お大師さまは「生れ生れ生れ生れて生の始めに暗く　死に死に死に死んで死の終りに冥し」といいます。

人は暗きなかから生まれてきて、死ぬときは暗い世界にもどる。お大師さまが、生きるということの本質を述べられた言葉です。

この世の生の到達点には「死」というものが待ち構えています。だからこそ、この死を受け入れない限り、生きることを肯定できません。大宇宙に広がる闇にまたたく一瞬だからこそ、私たちの生命は尊い輝きを放つのです。

お大師さまの教えは、毎日を「一所懸命に生きる」ための実践法です。それを実践した先に、悩みにとらわれない「折れない心」をつくることができるのだと思います。

参考文献

『ヘタな人生論より空海のことば』池口恵観／河出書房新社
『生き方が変わる！　空海黄金の言葉』名取芳彦監修・宮下真／永岡書店
『空海日本人のこころの言葉』村上保壽／創元社
『弘法大師空海のことば』大栗道榮／鈴木出版
『密教のこころ』勝又俊教ほか・読売新聞社編／読売新聞
『仏家名言辞典』金岡秀友／東京堂出版

本書は、小社より刊行した『「いい言葉」は3日で人生を変える！』を、文庫収録にあたり、再編集のうえ改題したものです。

池口恵観（いけぐち・えかん）

昭和十一年鹿児島県生まれ。高野山大学文学部密教学科卒業。高野山真言宗伝燈大阿闍梨。最福寺法主・大僧正。医学博士（山口大学）。五〇〇年の伝統を有する修験行者の十八代として、幼少の頃より真言密教・修験道の修行を積み、大学卒業後、さまざまな荒行を続ける。密教最高の秘法「八千枚護摩行」を九十四座修法。前人未到の「百万枚護摩行」を成満する。大いなる法力で多くの人々の幸福のために尽力している。

主な著書に『道をひらく宇宙の法則』『弘法大師空海 救いに至る言葉』『阿字』他、多数ある。

●最福寺
鹿児島市平川町四八五〇―一
●江の島大師
神奈川県藤沢市江の島二―四―一〇

知的生きかた文庫

空海《くうかい》「折《お》れない心《こころ》」をつくる言葉《ことば》

著者 池口《いけぐち》恵《え》観《かん》
発行者 押鐘太陽
発行所 株式会社三笠書房
〒一〇二―〇〇七二 東京都千代田区飯田橋三―三―一
電話〇三―五二二六―五七三四〈営業部〉
〇三―五二二六―五七三一〈編集部〉
http://www.mikasashobo.co.jp
印刷 誠宏印刷
製本 若林製本工場

ISBN978-4-8379-7935-7 C0130

「知的生きかた文庫」の刊行にあたって

「人生、いかに生きるか」は、われわれにとって永遠の命題である。自分を大切にし、人間らしく生きよう、生きがいのある一生をおくろうとする者が、必ず心をくだく問題である。

小社はこれまで、古今東西の人生哲学の名著を数多く発掘、出版し、幸いにして好評を博してきた。創立以来五十余年の星霜を重ねることができたのも、一に読者の私どもへの厚い支援のたまものである。

このような無量の声援に対し、いよいよ出版人としての責務と使命を痛感し、さらに多くの読者の要望と期待にこたえられるよう、ここに「知的生きかた文庫」の発刊を決意するに至った。

わが国は自由主義国第二位の大国となり、経済の繁栄を謳歌する一方で、生活・文化は安易に流れる風潮にある。いま、個人の生きかた、生きかたの質が鋭く問われ、また真の生涯教育が大きく叫ばれるゆえんである。そしてまさに、良識ある読者に励まされて生まれた「知的生きかた文庫」こそ、この時代の要求を全うできるものと自負する。

本文庫は、読者の教養・知的成長に資するとともに、ビジネスや日常生活の現場で自己実現できるよう、手助けするものである。そして、そのためのゆたかな情報と資料を提供し、読者とともに考え、現在から未来を生きる勇気・自信を培おうとするものである。また、日々の暮らしに添える一服の清涼剤として、読書本来の楽しみを充分に味わっていただけるものも用意した。

良心的な企画・編集を第一に、本文庫を読者とともにあたたかく、また厳しく育ててゆきたいと思う。そして、これからを真剣に生きる人々の心の殿堂として発展、大成することを期したい。

一九八四年十月一日

押鐘冨士雄

知的生きかた文庫

もの忘れを90%防ぐ法
米山公啓

「どうも思い出せない」……そんなときに本書が効きます。もの忘れのカラクリから、生活習慣による防止法まで。簡単にできる「頭」の長寿法！

疲れない体をつくる免疫力
安保 徹

免疫学の世界的権威・安保徹先生が、「疲れない体」をつくる生活習慣をわかりやすく解説。ちょっとした工夫で、免疫力が高まり、「病気にならない体」が手に入る！

40代からの「太らない体」のつくり方
満尾 正

「ポッコリお腹」の解消には激しい運動も厳しい食事制限も不要です！ 若返りホルモン「DHEA」の分泌が盛んになれば誰でも「脂肪が燃えやすい体」に。その方法を一挙公開！

1日1回 体を「温める」ともっと健康になる！
石原結實

体温が1度下がると、免疫力は30％落ちる！ この1日1回の「効果的な体の温め方」で、内臓も元気に、気になる症状や病気も治って、もっと健康になれる！

なぜ「粗食」が体にいいのか
帯津良一
幕内秀夫

なぜサラダは体に悪い？——野菜でなくドレッシングを食べているからです。おいしい＋簡単な「粗食」が、あなたを確実に健康にします！

C50132

知的生きかた文庫

禅、シンプル生活のすすめ 枡野俊明

求めない、こだわらない、とらわれない——「世界が尊敬する日本人100人」に選出された著者が説く、ラク〜に生きる人生のコツ。開いたページに「答え」があります。

道元「禅」の言葉 境野勝悟

見返りを求めない、こだわりを捨てる、流れに身を任せてみる……「禅の教え」が手にとるようにわかる本。あなたの迷いを解決するヒントが詰まっています!

老子・荘子の言葉100選 境野勝悟

自由に明るく生きようと主張した老子、その考えを受け継いだ荘子。厳選した100の言葉の中から生きる勇気をもらえる一言が必ず見つかります。

般若心経、心の「大そうじ」 名取芳彦

般若心経の教えを日本一わかりやすく解説した本です。誰もが背負っている人生の荷物の正体を明かし、ラクに生きられるヒントがいっぱい!

人生の問題がすっと解決する 名僧の一言 中野東禅

人生、いかに生きるべきか——空海から道元、日蓮、一休まで……名僧が残した「名言」「人生の核心に迫った言葉」を厳選。幸せへの「最高のヒント」が見つかります。

C50149